W0289201

Wilhelm H. Peterßen

Lehreraufgabe Unterrichtsplanung

Das Weingartener PlanungsModell

Oldenbourg

Peterßen, Wilhelm H.:
Lehreraufgabe Unterrichtsplanung/Wilhelm H. Peterßen. –
München: Oldenbourg, 2003
ISBN 3-486-03445-6

1. Auflage 2003 R E
Druck 07 06 05 04 03
Die letzte Zahl bezeichnet das Jahr des Drucks.

Umschlagkonzept: Mendell & Oberer, München
Lektorat: Elisabeth Dorner, Berlin
Herstellung: Arite Wald
Satz und Repro: Manuela Treindl, Laaber
Druck: R. Oldenbourg Graph. Betriebe GmbH, Kirchheim bei München

ISBN 3-486-**03445**-6

Widmung

Für Ingrid und Katja,
deren Geduld und Zugeständnisse
mir über dreißig Jahre
allgemeindidaktische Arbeit ermöglichten!

Danksagung

Dank an Andrea Gall,
die auch das Manuskript dieses Buches wieder mit Sorgfalt bearbeitete!

Inhalt

1 Das Modell

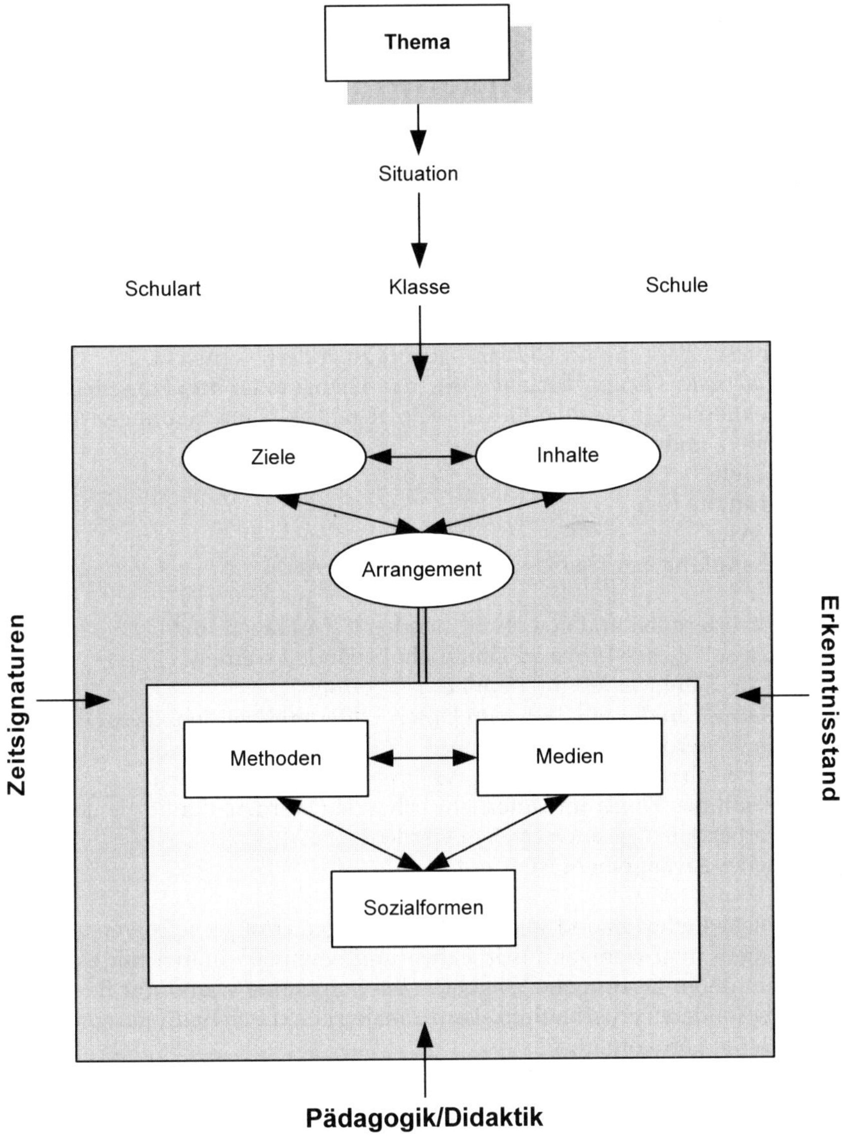

Abb. 1: Weingartener PlanungsModell

2 Kurzbeschreibung

Das **W**eingartener **P**lanungs**M**odell (WPM) ist aus einer langjährigen rekursiven Beziehung zwischen Planungstheorie und Planungspraxis erwachsen. Absicht war es, ein Modell zu entwickeln, das in der alltäglichen Planungspraxis von Lehrenden Bestand haben kann, ohne den derzeitigen Erkenntnisstand der Didaktik auszuschließen. Dazu ist die unumgängliche Planungsarbeit auf ihre wesentlichen Aufgaben hin elementarisiert worden; zugleich aber ist das Modell so offen gehalten, dass der Zugang zu den wertvollen Aussagen der aktuellen Didaktik über weitere Planungsaufgaben, -aktivitäten und -hilfen gewahrt wird.

Übliche Planung von Lehr-Lern-Vorgängen im Unterricht beginnt gleichsam immer mit einem **Thema,** ob dies nun vorgegeben oder selbst aufgestellt wird. Daran haben auch spezifisch orientierte Planungsmodelle – wie beispielsweise die der *lernzielorientierten Didaktik* – nichts zu ändern vermocht.

Der *Kern der Planung* besteht darin, das **Thema** unter drei Fragestellungen zu reflektieren, um aus den Einsichten maßgebliche Entscheidungen ableiten zu können, und zwar über

- die **Ziele**,
- die **Inhalte** und
- den **Weg**

der Behandlung des Themas in Lehr-Lern-Prozessen.

Die zu erörternden und zu entscheidenden Kern-Fragen sind:

- **Wozu** soll dieses *Thema* im Unterricht behandelt werden?
  Welche **Ziele** werden mit dem Lernen verfolgt?
- **Was** muss an diesem *Thema* im Unterricht erlernt werden, damit die *Ziele* erreicht werden?
  Welche **Inhalte** müssen bereitgestellt und erworben werden?
- **Wie** soll das *Thema* im Unterricht behandelt werden, damit die daran zu erwerbenden *Ziele* auch erreicht werden?
  Welches **Arrangement** ist erforderlich?

Und solche Reflexion und solche Entscheidungen erfolgen selbstverständlich – mal mehr, mal weniger ausdrücklich und bewusst – immer mit Blick auf jene, um deren Lernprozess es geht, – die Lernenden –, und mit Bezug auf deren besondere Lern**situation**, also die realen konkreten **Bedingungen** des je besonderen Lernvorgangs.

3 Pragmatische Empfehlungen: Zum Umgang mit dem Modell

Das Modell lässt zu, dass es in unterschiedlichem Umfang zur Planung von Unterricht benutzt wird. Es muss keineswegs immer in seinem gesamten Umfang, mit allen Strukturen, Strukturverbindungen und -hilfen sowie in Kenntnis seiner theoretischen Implikationen herangezogen werden. Hier nur eine kurze Anleitung, um Unsicherheiten zu vermeiden.

- ***Anfängern*** und ***Praktikanten*** während der Ausbildung wird geraten, ihre Planung im Anschluss an ein *Thema* an den drei Kernstrukturen des Modells zu orientieren und zu fragen und entscheiden:
  - welche *Zielsetzung* im Unterricht verfolgt werden soll,
  - welche *Inhalte* im Unterricht behandelt werden müssen,
  - wie der Unterricht *arrangiert* sein soll

  und dabei die Antworten und Entscheidungen zunächst annäherungsweise und dann zusehends stärker an der besonderen Situation auszurichten, in der der Unterricht stattfindet!

  Es geht ums Überleben.

- ***Gestandenen Lehrern*** und ***Routiniers*** wird nahegelegt, ihre Planung zumindest gelegentlich am gesamten Modell und seinen Implikationen zu orientieren und alle Entscheidungen durch und durch zu reflektieren und zu begründen, um sich immer wieder erneut ihres Auftrags und dessen tieferer Bedeutungen bewusst zu werden und nicht in stereotype und manieristische Unterrichtshaltungen zu verfallen!

  Es geht ums Lebendigbleiben.

- ***Prüflingen*** und ***Überprüften*** wird empfohlen, die Planung ihres Prüfungs- oder Überprüfungsunterrichts am gesamten Modell zu orientieren, die Entscheidungen intensiv zu reflektieren und nachvollziehbar zu begründen und das Ergebnis systematisch und eindeutig in übersichtlichen schriftlichen Entwürfen vorzulegen!

  Es geht ums Weiterkommen.

Die *Planungshilfen* können von allen anfangs Stück für Stück, späterhin insgesamt aufgenommen und befolgt werden.

4 Planungsfelder und Planungsaufgaben

Planung lässt sich nach dem soeben Gesagten als ein Vorgang mit mehreren unterscheidbaren Reflexions- und Entscheidungsphasen begreifen:[1]

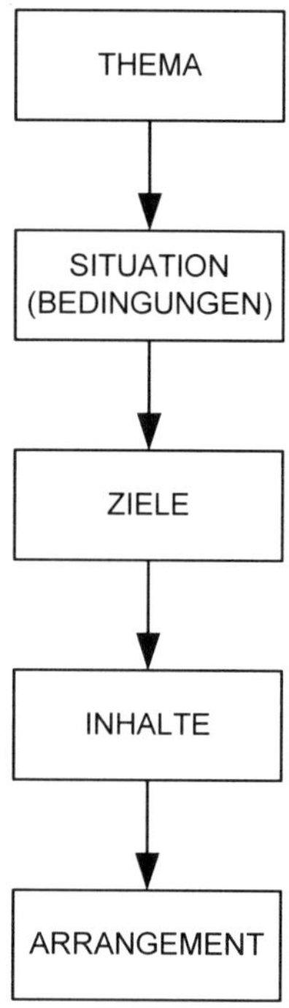

Abb. 2: Planungsverlauf und Planungsfelder

4.1 Thema: Worum soll es im Unterricht gehen?

Langjährige Beobachtungen und zahlreiche Analysen der alltäglichen Planungspraxis von Lehrern lassen den sicheren Schluss zu, dass tatsächlich (fast) alles Planen von Unterricht mit dem Thema *gestartet* wird.

[1] Dass Planung keinesfalls einen linearen Verlauf nehmen kann, sondern grundsätzlich durchgängig rekursiv und zwischen den einzelnen Feldern simultan erfolgt, versteht sich von selbst. Die Darstellung erfolgt zwangsläufig linear.

Sache und Thema sind nicht dasselbe!

Auf ein Missverständnis sei gleich eingangs hingewiesen: Themen und Tatsachen werden oftmals nicht auseinandergehalten, werden für dasselbe ausgegeben. Das *Scharbockskraut* beispielsweise ist nicht von sich aus schon ein Thema des Unterrichts, sondern muss erst dazu gemacht werden. Als biologisch-botanische Kategorie bezeichnet *Scharbockskraut* nicht mehr als eine bestimmte Pflanze. Wenn diese im Unterricht behandelt werden soll, dann ist das zumindest erst einmal ausdrücklich festzustellen, dann muss vom Scharbockskraut als Unterrichtsthema ausdrücklich die Rede sein. Das Scharbockskraut - das was damit bezeichnet wird - wird gleichsam *thematisiert*, wird in den Mittelpunkt einer Behandlung gestellt, hier in die unterrichtliche. Sachverhalte werden in pädagogische Überlegungen hineingezogen und dadurch zu Unterrichtsthemen. Das sollte sich auch in entsprechenden Formulierungen niederschlagen; es sollte nicht nur ein den Sachverhalt bezeichnender Begriff stehen bleiben, sondern ein ausformuliertes Thema - durchaus in Stichworten - vorgegeben werden: *Das Scharbockskraut - ein Frühblüher*. Hier ist der Sachverhalt gleichsam mit einer pädagogischen Absicht aufgeladen worden. Er wird im Unterricht mit der pädagogischen Absicht behandelt, nicht nur um ihn kennenzulernen - wiederum zu Zwecken, die hier noch nicht ausgedrückt sind -, sondern um an ihm zugleich exemplarisch eine allgemeine Einsicht zu gewinnen.

Thema ist nicht gleich Thema!

Wenngleich ein Thema (fast) immer am Anfang der Unterrichtsplanung steht, so ist die Beziehung von Lehrern zum Thema anfangs durchaus sehr unterschiedlich:

- Da wird ein Thema übernommen, das von fremder Seite aus gestellt und aufgegeben ist, zumeist von Lehrplänen oder aus diesen entwickelten Folgeplänen, z. B. Fachplänen.
  Beispiel: Lehrplaneinheit 8 »Wortfeld *gehen*«
- Da wird ein Thema selbstständig gestellt, beispielsweise aus einer für seine Behandlung für günstig gehaltenen Situation heraus.
  Beispiel: »Jetzt waren wir Wandern, da können wir doch mal die *Drumlins* (Endmoränen) behandeln!«
- Da wird Anfängern und Praktikanten ein Thema aufgegeben.
  Beispiel: »Wir müssen uns jetzt mit den *Klimazonen* befassen. Übernehmen Sie doch bitte das Thema am nächsten Mittwoch!« (Praktikantenschicksal: *Nun machen Sie mal!*)

Anfängliche Themenstellungen sind in ihrer inhaltlichen Bestimmung und sprachlichen Ausprägung überaus unterschiedlich. So gibt es verhältnismäßig präzise formulierte Themen, z. B. *Der Bodensee - Brauchwasser für Milli-*

onen, aber auch großzügige und vieldeutige Formulierungen, z. B. lapidar – und im Grunde genommen noch kein pädagogisch akzeptables Thema – *Der dreißigjährige Krieg*! Auf jeden Fall bieten übliche Themenstellungen Lehrern viele Interpretationsmöglichkeiten. Ja, Lehrer müssen, um Themen allererst unterrichtlich behandelbar zu machen, die anfänglich vorhandenen Formulierungen inhaltlich und sprachlich bearbeiten.

Themen müssen pädagogisch bedeutsam sein!

Themen *einfach nur so* inhaltlich zu bestimmen und enger zu fassen, reicht selbstverständlich nicht aus. Schließlich geht es hier nicht um eine nur beliebige Bestimmung aus formalen Gründen, sondern um die pädagogische Themenbestimmung. Themen müssen inhaltlich für die Lernenden bedeutsam sein. Was sie an inhaltlichem Erwerb anbieten, muss für die Existenz der Lernenden Bedeutung haben, muss letzten Endes bedeutungsvoll für ihre Lebensführung sein. Nun arbeitet aber die Schule kaum je mehr mit einem unmittelbaren Begründungsbezug auf das Leben ihrer Schüler, sondern verwendet dafür die in pädagogischem Denken und für pädagogisches Handeln üblichen Kategorien - Erziehung, Bildung. So wird die inhaltliche Bedeutung von Themen in der Regel daran gemessen, ob und wie sie zur Förderung von Erziehung und Bildung der betroffenen Schüler beizutragen vermögen.

Auf diese Weise erfahren Themen ihre pädagogische Rechtfertigung. Und diese ist auf jeden Fall stets und immer erforderlich! Ein Thema im Unterricht nur zu behandeln, weil es sich anbietet oder weil es aufgetragen wird, sei dies auch durch weitgehend verbindliche Lehrpläne, sollte Lehrern für eine tatsächliche Behandlung nicht ausreichen. Wo Themen verbindlich vorgegeben werden, wie durch Lehrpläne, da sollten Lehrer zumindest die implizit mitgelieferte Begründung der Lehrplanverfasser zu erkunden trachten. Routiniers sollten alte Planungen nicht unreflektiert wieder übernehmen; Themen können nicht ein- für allemal, sondern immer nur mit Bezug auf jene Schüler legitimiert werden, mit denen sie im Unterricht behandelt werden sollen. Auch Praktikanten, – zumeist mehr darauf ausgerichtet, die ersten Unterrichtsstunden zu überleben als einen lernwirksamen Unterricht zu halten –, sollten ihren Ausbildungslehrern und anderen Verantwortlichen die Frage nach dem Warum des aufgegebenen Themas nicht ersparen; sie sollten sich auch nicht mit pauschalen Antworten zufrieden geben, sondern auf Klärung der Bedeutung für gerade ihre Lernenden dringen.

Themen ohne pädagogische Bedeutung sind vollends ohne Bedeutung!

Themen sind eindeutig zu formulieren!

Auch wenn die Bedeutung von Themen für Schüler gerechtfertigt ist und vom Lehrer in der pädagogischen Bedeutung voll begriffen und akzeptiert wird, so garantiert das noch keine stringente Planung von Unterricht. Was im Inneren abgesichert ist, muss auch nach außen hin abgesichert werden, um einen folgerichtigen Planungsprozess zu gewährleisten. Deshalb ist es wichtig, dass ein Thema eindeutig formuliert wird. Es reicht eben nicht aus zu formulieren: *Das Scharbockskraut*. Was soll, was muss im Anschluss an eine solche Themenstellung weiterhin geplant - erkundet, durchdacht, abgeglichen, entschieden - werden? Soll hier tatsächlich nur die biologische Singularität, diese eine Pflanzenart, unterrichtlich behandelt werden? Soll hier nach der Wurzel-Stamm-Blätter-Blüten-Manier die gesamte Pflanze behandelt werden? Nicht mehr? Und in welche Beziehungen soll dies Thema zu anderen im Fach, über das Fach hinaus, gestellt werden? Die simple Formulierung reicht für Botanikunterricht im Biologiestudium sicher aus. Aber für die Unterrichtsplanung gibt sie nicht genügend Richtungssicherheit vor.

Das Thema muss die Richtung weisen für die gesamte folgende Unterrichtsplanung. An ihm werden alle weiteren Reflexionen und Entscheidungen auszurichten sein. So könnte unser Thema etwa lauten, wie schon gebracht: *Das Scharbockskraut - ein Frühblüher*: Alle weitere Planung müsste nun darauf hinauslaufen, die im Thema eindeutig erklärte und ausgedrückte Absicht durch passgerechte Entscheidungen in didaktische Maßnahmen zu übersetzen, durch die diese Absicht erfolgversprechend verwirklicht werden kann. Vermittelt bzw. erworben werden müssten hier alle Informationen nicht nur über das Scharbockskraut, sondern über dieses als stellvertretend für Frühblüher, und zwar in unbedingter biologischer Solidität.

Themen, die nicht eindeutig formuliert sind, bieten keine Planungssicherheit!

4.2 Situation: Unter welchen Bedingungen findet der Unterricht statt?

Kein Lehr- und Lern-Prozess, kein Unterricht findet im luftleeren Raum statt, sondern stets in der realen Welt und Wirklichkeit. Und - banal, aber nach meinen Erfahrungen nicht oft genug anzuführen: Kein Lehr- und Lern-Prozess findet ohne bestimmte Lernende statt. Also müssen vor allem diese in alle Reflexionen und Entscheidungen einbezogen werden. Jeder Lehr- und Lern-Prozess, jeder Unterricht findet für bestimmte Schüler in einer spezifischen Situation statt. Also müssen alle Reflexionen und Entscheidungen auf *diese Schüler in dieser Situation* bezogen werden. Jeder Unterricht trägt seine besondere Absicht in sich, und zwar bestimmten Personen ein bestimmtes Lernen zu ermöglichen[2]. Unterricht ist seinem Wesen nach ein zutiefst pädagogisch-didaktisches Geschehen. Und das erfordert vor allen Entscheidungen für konkrete Maßnahmen eine genauestmögliche Erfassung und Analyse aller in der besonderen Lehr-Lern-Situation möglicherweise wirksamen Voraussetzungen und Bedingungen. Dass es dabei um keine bloß *sachliche Analyse* geht, sondern um eine *pädagogische Diagnose*, sollte soeben deutlich geworden sein.

---

2 Warum hier von »Lernen« die Rede ist: Vgl. dazu S. 65 ff.

Die hier verwendete Auffassung von *Situation* definiert sich von den Schülern einer Klasse her. Um diese Auffassung auch wirksam werden zu lassen – und nicht bloß eine irgendwie geartete Sammlung von möglichen Einflüssen auf das Unterrichtsgeschehen zu erhalten –, hat sich bewährt, die *Bedingungen* gleichsam in *konzentrischen Kreisen* rund um die Klassengruppe zu erfassen und zu analysieren: Begonnen wird mit den Schülern und den sie unmittelbar berührenden Umständen, um von dort weiterzuschreiten zu den entfernteren Einflüssen.

Tatsächlich alle wirkenden Faktoren einer Lehr-Lern-Situation und dazu auch noch deren Zusammenhänge zu erfassen und zu reflektieren, würde das Vermögen von Lehrern – und ebenso allen anderen – maßlos übersteigen. Deshalb sollte eine einfache Strukturierung dafür vorgenommen werden. Als ganz gut machbar hat sich erwiesen, zwischen Voraussetzungen und Bedingungen *situativer* und *epochaler Art* zu unterscheiden:

- Von *situativen Bedingungen* wird dabei für jene gesprochen, die eben die ganz spezifische Situation eines Unterrichts ausmachen. Unterricht ist in seinen groben Strukturen zwar durchaus vergleichbar, stellt aber in seinen real-konkreten Bedingungen und Aktivitäten eine sehr singuläre Erscheinung dar. Um Stereotypisierungen zu vermeiden, muss versucht werden, die ganz besondere Situation zu erhellen und zu erkennen, welche von deren Voraussetzungen zu Bedingungen der didaktischen Entscheidungen gemacht werden müssen.

- Neben solchen ganz besonderen – eben situativen – gibt es unterrichtsübergreifende Voraussetzungen von epochaltypischer Art, die sich auf allen etwa zeitgleichen Unterricht auswirken können und die deshalb zu berücksichtigen sind; sie werden hier als *epochale Bedingungen* bezeichnet. Gelehrt und gelernt wird zu ganz bestimmter Zeit in einer ganz bestimmten Gesellschaft mit allen ihren Normen, Werten und Strömungen; Unterricht darf nicht an diesen vorbei erfolgen.

Situative Bedingungen

Für die Erfassung dieser Bedingungen bietet es sich an, sie unter drei institutionellen Perspektiven zu untersuchen:

- *Klasse* – Schüler? Jahrgang? Fach?
  Gerade zu den Schülern muss intensiv und exakt recherchiert werden: Wie ist ihr Lernstand allgemein? Ihr sachstruktureller Entwicklungsstand (genauer Lernstand im zu behandelnden Thema)? Übliche und bekannte Lernformen? Soziale Herkunft und Leistungsmotivation? Besonderheiten? In welchen Entwicklungsphasen befinden sie sich, und wie wirken sich diese in der Regel auf ihr Lernen aus? Auch nach dem Fach und seinem besonderen Erziehungs- und Bildungsauftrag ist zu fragen.

- *Schule* - Um welche Schule handelt es sich hier? Wo liegt sie? Wie ist ihre Schülerklientel? Wie ist sie ausgestattet (z. B. Gebäude? Sportplätze u. Ä.? Sammlungen? Klassenraum? Usw.)

- *Schulart* - In welcher Schulart findet der Unterricht statt? Sind dieser durch Schulgesetz und Lehrplan besondere Aufgaben übertragen, die auch in diesem Unterricht eingehalten werden müssen? Usw.

Epochale Bedingungen

Für die Erfassung und Reflexion dieser Bedingungen hat sich folgende Dreier-Gliederung bewährt:

- *Zeitsignaturen* - Jede Gesellschaft weist in ihren besonderen Epochen auch besondere Trends und Tendenzen auf, die als Zeitsignaturen verstanden werden können. Sie wirken sich, wenn nicht unmittelbar und gegenwärtig, so doch mittelbar und künftig auf das Leben aller Schüler aus und können deshalb nicht unbeachtet bleiben.

- *Erkenntnisstand* - Für einen aktuell-bezogenen Unterricht ist besonders wichtig, dass er nicht hinter dem aktuellen wissenschaftlichen Erkenntnisstand zurückbleibt. Das gilt in erster Linie für die behandelte Sache, über die Fachwissenschaften Auskunft geben können. Das gilt aber auch für zeitgemäße Auffassungen über den Menschen, seine Erkenntnisfähigkeit usw., wie sie in Aussagen der Philosophie, Anthropologie, Soziologie, Psychologie u. a. zum Ausdruck gebracht werden.

- *Pädagogik/Didaktik* - Bezugswissenschaft für die didaktische Aufgabe der Unterrichtsplanung ist die Didaktik, als integrierende Disziplin in die Pädagogik eingeordnet, sodass ihre aktuellen Aussagen über alles, was mit dem Lehren und Lernen im Unterricht zu tun hat, besonders sorgfältig miteinbezogen werden sollten. Beispielsweise das aktuelle Menschenbild, Bildungstheorien, wirkungsvolle Lehr-Lern-Modelle, zeitgemäße Prinzipien, Vorschläge für Formen der Unterrichtsorganisation usw. Didaktik/Pädagogik haben - sollten sie jedenfalls - in der Regel den umfassenden wissenschaftlichen Erkenntnisstand schon im Hinblick auf ihre Bedeutung für Lehren und Lernen aufbereitet.

4.3 Ziele: Wozu soll der Unterricht stattfinden?

Die Zielfrage spielt im Grunde genommen bei allen Planungsentscheidungen die bedeutsamste Rolle, nicht nur, weil durch Zielorientierung die Planung optimiert wird - eine Auffassung, die seit dem lernzielorientierten Ansatz der Didaktik Allgemeingut didaktischen Denkens geworden ist -, sondern vor allem, weil Pädagogik und Didaktik sui generis zielorientiert sind und zielgerichtet denken, wenn sie nach wünschenswerten und verantwortbaren Veränderungen von Heranwachsenden durch Einfluss von dritter Seite - durch Lehren, Erziehen, Bilden - fragen.

Die lernzielorientierte Didaktik hat vor Augen geführt, dass Zielentscheidungen am Anfang aller bewussten und rationalen Planung stehen müssen, wenn der Plan eines beabsichtigten Lehr-Lern-Vorgangs erfolgversprechend und in allen weiteren Entscheidungen stringent an die Lehrabsicht gebunden sein soll. Diese Didaktik hat auch die einzelnen Planungsaufgaben für Zielentscheidungen systematisch aufbereitet:

- Ziele sind zu legitimieren
- Ziele sind zu bestimmen
- Ziele sind zu ordnen
- Ziele sind zu formulieren

Legitimation von Zielen

Wer ein Thema hat, überlegt gleichsam automatisch, welche Lernziele sich damit erreichen lassen. Dass nicht alle möglichen Ziele auch übernommen werden können, wurde schon angedeutet, da Themen in sich fast stets überaus vieldeutig formuliert und dadurch ziel-polyvalent sind. Jetzt aber steht die Frage an, ob die näher ins Auge gefassten Zielsetzungen auch vertretbar sind, ob sie gegenüber den - jeweils ganz besonderen - Lernenden auch verantwortet werden können. Einfach ausgedrückt: Nicht alles, was sich - an einem Thema - erlernen lässt, muss auch unbedingt erlernt werden!

Die Legitimation erfolgt gegenüber den Lernenden, für die gerade ein Lehr-Lern-Vorgang *vor*gedacht wird. Dabei geht es nicht um kruden Utilitarismus, indem nur nach möglicher unmittelbarer Bedeutung im so genannten Alltag der Gegenwart und wahrscheinlichen Zukunft der Lernenden gefragt wird. Auch nicht darum, den je augenblicklichen Wünschen der Lernenden - *Mag ich nicht! Will ich nicht! Brauch ich nicht!* - zu folgen. Die Entscheidung muss sich von der »pädagogischen Verantwortung« leiten lassen, die alle Lehrenden für ihre Schüler haben. Das ist für Lehrer allemal ein sensibles Denkspiel, das sie in ihrer Alltagsarbeit gar nicht jedes Mal bis in alle Tiefen ausloten und durchdenken können. Doch finden sich für Lehrer Hilfen dafür. Auf der einen Seite gibt es institutionelle Hilfen: gesellschaftlich verantwortete Lehrpläne geben Ziele für den Unterricht vor. Auf der anderen Seite gibt es didaktische Hilfen: maßgebliche Theorien und Modelle - in Didaktik und Bildungstheorie - bieten Maßstäbe für die Auswahl und Rechtfertigung von Zielsetzungen an.

Ob nun in aller Detailliertheit oder in grobem Bezug, die Legitimation kann so vorgenommen werden, dass mit den weiter oben aufgeführten Bedingungs-Kategorien gearbeitet wird:

- Stimmen die Zielsetzungen mit den Aufgaben der Schulart überein?
- Lassen sich die Ziele unter den Voraussetzungen der Schule verwirklichen?

- Lassen sich die Ziele gegenüber gerade diesen Schülern rechtfertigen?
- Finden sich in Pädagogik/Didaktik Hilfen und Hinweise für die Entscheidungen?
- Wie lassen sich die Zielsetzungen im Hinblick auf die Zeitsignaturen begreifen?

Doch sollten wir vor einem nicht die Augen verschließen: Letzten Endes sind es die Lehrer, die endgültig alle Zielentscheidungen treffen! Eine bloße oder gar zwingend notwendige Vorgabe gibt es für Lehrer nicht; sie alleine tragen für alle Zielentscheidungen vor Ort die Verantwortung.

Bestimmung von Zielen

Hier wird der durchgängig rekursive Charakter aller Planung deutlich: Was hier bestimmt werden soll, sollte letztlich bei der vorher erörterten Rechtfertigung bereits substanziell bekannt sein. Allerdings noch nicht in der Detailliertheit und Präzision, die hier herzustellen sind. Rekursivität wird auch in anderer Hinsicht deutlich: Was hier bestimmt werden muss, das hat vor allem mit den *Inhalten* des Unterrichts zu tun. Denn es geht hier darum, genauestmöglich festzustellen und festzulegen, was denn nun gelehrt und gelernt werden sollte. Wenn es beispielsweise um das Thema *Deichbau* geht, dann stellt sich hier die Frage danach, was muss jemand wissen, im Einzelnen an Informationen gewinnen, um tatsächlich ein hinreichendes Wissen über den Deichbau zu haben. Hier werden auf grobe und umrissartige Vorgaben durch das Thema möglichst detallierte inhaltliche Antworten gegeben. Hilfen für die Antworten bietet die bekannte Dreigliederung der Lernpsychologie:

- Welche *Kenntnisse* sind im Einzelnen zu erwerben?
  (Kognitive Informationen)
- Welche *Fertigkeiten* sind im Einzelnen einzuüben?
  (Psycho-motorische Informationen)
- Welche *Einstellungen/Haltungen* sind im Einzelnen zu übernehmen?
  (Affektive Informationen)

Gemessen am Lernziel-Modell lernzielorientierter Didaktik geht es hier zunächst um die materiale Komponente des Lernziels, um seine inhaltliche Aussage:

materiale Komponente	formale Komponente

Abb. 3: Lernziel-Komponenten

Das Lernziel »Kenntnisse über den Deichbau« enthält die materiale Komponente »Deichbau«; und eben diese gilt es in die erforderlichen Teil-Informationen aufzulösen, um das Ziel näher zu bestimmen: Z. B. *Deichbau ging aus dem Einzelbau von Warften/Wurten hervor; Deich weist außen einen flachen, innen einen steilen Hangverlauf auf* usw. An diesem Beispiel wird wohl ganz deutlich, dass es hier bereits um die *Inhalte* des Unterrichts geht. Zu welchen negativen Folgen es im Unterricht führen kann, wenn die inhaltlichen Momente eines Lernziels nicht genauestens bestimmt worden sind, hat wohl jeder schon einmal im Unterricht erlebt.

Es war während der siebziger Jahre des letzten Jahrhunderts, als auch in die oberschwäbischen Studenten eine Art gesellschaftlich-revolutionärer Geist Einlass suchte. Während des wöchentlichen Praktikumstages hielt ein Student eine Stunde über den Bau der ägyptischen Pyramiden. Und er unterrichtete das so, wie man das seinerzeit von EBELING her vorgeschlagen bekam, nämlich Geschichte in Geschichten. Er erzählte also über den Pyramidenbau. Und dabei erzählte er auch, dass die Bauarbeiter nur Kartoffeln zu essen bekamen, während der Pharao in seinen Gemächern Kuchen aß. Als wir nach der Stunde ganz vorsichtig fragten, woher er das so genau gewusst habe und ob es damals tatsächlich schon Kartoffeln in Ägypten gegeben habe, meinte er kurz und lapidar: »Darauf kommt es nicht an; das Prinzip ist entscheidend!«

Neben der materialen sollte hier auch schon die formale Komponente von Zielen reflektiert werden. Neben dem, *was* gelernt werden soll, steht dann die auf das Ziel gerichtete Frage, *wie* das denn nun später beherrscht werden soll. Soll es bloß reproduzierbar gespeichert sein? Soll es zu selbstständiger Anwendung verwendet werden können? Mit anderen Worten: Neben dem, was gelernt werden soll, sollte in der Planung geklärt werden, welche *Qualität* es für die Lernenden haben sollte. Das wird vor allem Notwendigkeiten für das Arrangement des Unterrichts nach sich ziehen. Wo beispielsweise bloß Reproduzierbarkeit von Informationen erwünscht ist, da reichen in der Regel darbietende Lehre und rezeptives Lernen aus; wo hingegen selbstständig-aktive Umsetzung des Erlernten angestrebt wird, da müssen auch die Lernverfahren bereits entsprechende Aktivitäten ermöglichen.

Ordnung von Zielen

Oft wird unüberlegt angenommen, dass Lernziele ja von sich aus bereits eine inhaltlich bestimmte Folgeordnung für ihre Verwirklichung vorgeben würden. Dabei wird an eine Art *Sachlogik* gedacht, die den behandelten Zielen inhärent sei und die es als *sachlogischen* Ordnungsmaßstab auch auf die didaktische Behandlung zu übertragen gelte.

In der Tat gibt es in vielen Fällen von der Sache her, die zur Behandlung ansteht, öfter aber von der Bezugswissenschaft und ihrer Systematik her eine hierarchische Vorgabe, die auch in didaktischen Überlegungen nicht einfach negiert werden kann. So kommt es geradezu zwangsweise zu notwendigen Folgen von Zielen. Beispielsweise wird niemand die Lage der Insel Madagaskar zwischen dem 12. und 16. Grad südlicher Breite aufgreifen können, ohne dass Kenntnisse über Breiten- und Längengrade vorhanden sind, oder die Interpretation eines Lesestückes vor dessen Lektüre vornehmen wollen. Nun spielen aber derartige Folgen nicht so sehr in kurzen abgegrenzten Unterrichtseinheiten - den Stunden - als vielmehr in längeren Verlaufseinheiten eine Rolle. In Unterrichtsstunden handelt es sich bei den zu behandelnden Momenten zur Erreichung von übergeordneten Zielsetzungen zumeist um Elemente gleicher Wertigkeit, die auch nach anderen als nur sachlogischen Gesichtspunkten geordnet werden können.

Dafür spricht man von *didaktischer Logik*, nach der Ziel-Folgen bestimmt werden können. Wo beispielsweise die *Tulpe als Frühlingsblüher* behandelt wird, da gibt es keinerlei Sachzwang zur Behandlung ihrer einzelnen Teile. Ob man zunächst auf die Zwiebel eingeht oder die Blüte betrachten lässt, haben Lehrer zu entscheiden. Aber keineswegs kann dafür eine Art von Beliebigkeit angenommen werden. Lehrer müssen sich an didaktischen Vorstellungen über wirksamen Unterricht orientieren, an Prinzipien - wie vom *Einfachen zum Komplexen, induktives Lernen* o. Ä. -, an bewährten methodischen Konzepten - wie *Freiarbeit, entdeckendes Lernen* o. Ä.

Auch hier wird die durchgängige Rekursivität der Unterrichtsplanung deutlich: In die Ordnung von Zielen greift schon methodisches Denken vor, werden implizit Überlegungen zum Arrangement von Unterricht angestellt und zur Ordnung genutzt.

Formulierung von Zielen

Dies wurde zu Zeiten der lernzielorientierten Didaktik zu einem großen Problem gemacht, ist aber gegenwärtig glücklicherweise auf das wünschenswerte und machbare Maß gestutzt worden. Von den seinerzeit gemachten Vorschlägen sollte nur jener der *möglichst präzisen Formulierung von Zielen* übernommen werden.

Ziele können unterschiedlich weit beschrieben werden. Weit formulierte Ziele sind vieldeutig interpretierbar und gewähren keinerlei Orientierungshilfe bei der weiteren Planung und im späteren Verlauf des Unterrichts. Sie stellen - logisch gesprochen - *Leer*formeln dar. Ganz eng formulierte Ziele legen zu sehr fest und zwängen den Unterricht in der Regel von vornherein in ein Korsett, das dann nicht mehr abgelegt werden kann. Wie oft - so schon bei ARISTOTELES - liegt das Wünschenswerte in der Mitte: Ziele für den alltäglichen Unterricht sollten so eindeutig formuliert sein, dass sie als didaktischer roter Faden dem Planenden Halt bieten, aber nicht unbedingt so operational eng sein, dass sie alle Luft nehmen. Man spricht hierfür von so genannter *Grobziel*-Formulierung; z. B. Kenntnis des Deichprofils (außen flach, innen steil).

Zum Maßstab sollte man die seinerzeit ganz anders gerichtete, in sich auch unlogische, aber dennoch allgemein verständliche Metapher von ROBERT F.

MAGER nehmen: »Wer nicht weiß, wohin er will, darf sich nicht wundern, wenn er ganz woanders ankommt!«[3]

4.4 Inhalte: Was soll im Unterricht behandelt werden?

Das *was* gelernt werden soll und somit auch gelehrt werden muss, wird zwar bei der Klärung der Zielsetzungen - ihrer inhaltlich-materialen Komponente - bereits zu reflektieren und vor-zuentscheiden sein. Letzten Endes kann man wohl diese Zielentscheidungen nur treffen, wenn zuvor die maßgeblichen Inhalte schon bekannt sind - über nichts kann man schließlich nicht entscheiden! -, aber hier steht aus planungstechnischen Gründen die Inhaltsfrage noch einmal ausdrücklich an. Und: Noch einmal sei auf die grundsätzliche Rekursivität aller Planungsaktivitäten hingewiesen, wie sie sich aus der Tatsache ergibt, dass alle Strukturmomente von Unterricht in durchgängiger Interdependenz stehen. Was hier ausgeführt wird, hat demnach bereits Bedeutung für die Planungsaktivitäten im Ziel-Feld.

Bevor die hier anstehenden Reflexionen und Entscheidungen getroffen werden können, müssen Lehrende sich unbedingt *sachkundig* machen! Diese Forderung erscheint zwar durchaus evident und selbstverständlich, wird aber - nach meinen Beobachtungen - in der Praxis nicht immer ausreichend befolgt. Das liegt wohl vor allem daran, dass Lehrer sich oftmals in der konkreten Situation für bereits hinreichend sachkundig halten, Grundschullehrer beispielsweise, da sie annehmen, was sie zu unterrichten haben, sei so einfach und bekannt, dass man sich nicht mehr besonders einzuarbeiten habe, Gymnasiallehrer, weil sie sich durch ihre Fachstudien für in den Inhalten ausreichend gerüstet sehen. Forderungen an die grundsätzliche fachlich-sachliche Solidität jedes Unterrichts wie besonders auch Ansprüche der Lernenden an valide Inhalte verlangen, dass Lehrende sich selbst für jede beabsichtigte Lehr-Lern-Einheit sachlich auf den aktuellen und zutreffenden Kenntnisstand bringen, bevor sie Entscheidungen im Hinblick auf die Lernenden treffen.

Ich erinnere mich an ein Praktikum vor über vierzig Jahren, in dem ein Kommilitone in der seinerzeitigen Volksschuloberstufe über das Thema der KÖPPENschen Klimazonen unterrichtete. Als er dabei - von Norden nach Süden argumentierend und dabei den Äquator überschreitend - davon sprach, dass es dann kälter würde, unterbrach ihn ein Schüler mit der Frage: »Aber, Herr ..., Sie haben doch letztes Mal gesagt, nach Süden würde es immer wärmer. Und nun sagen Sie, es wird kälter!« Der Kommilitone schwieg zunächst und meinte dann - immerhin ehrlich -: »Ja, da hast Du Recht. Da weiß ich jetzt auch nicht so genau Bescheid. Aber ich werde das heute am Nachmittag nachschlagen.«

---

[3] MAGER, ROBERT F., Lernziele und Programmierter Unterricht, Weinheim/Berlin/Basel 1965, Umschlag.

Idealerweise sollte der je subjektive Informationsstand von Lehrenden sich soweit wie möglich dem je aktuellen objektiven Erkenntnisstand im Thema annähern, bevor dann die Auswahl daraus für die Lernenden erfolgt. Nur wo Einzelne zumindest annäherungsweise lernen, was an Informationen allgemein vorliegt, sind auf Dauer Bestand und Fortschritt von Gesellschaften gewährleistet. Ob es um das kleine »f« im ersten oder um Atommodelle im zwölften Schuljahr geht, der didaktische Anspruch an die Sachkundigkeit von Lehrern bleibt derselbe!

Im Einzelnen geht es hier also darum, aus den vom Thema her möglichen Inhalten jene auszuwählen, die das gerechtfertigte und entschiedene Lernziel zu erreichen möglich machen, die aber zugleich auch von den Lernenden erworben werden können.[4] Dabei wird einsichtig: Unter Umständen sind – am Thema gemessen – zusätzliche Informationen nötig, durch die Lernende allererst fähig werden, sich die thematischen Inhalte anzueignen. Wenn z. B. für die vorgesehene Behandlung des Themas »Dreißigjähriger Krieg« deutlich wird, dass die betreffenden Schüler noch nicht wissen, wie man Jahrhunderte zählt – 1648 im 17. Jahrhundert –, dann muss wohl oder übel ein entsprechender inhaltlicher Exkurs eingeplant werden.

Auswahl ist nicht nur die Frage nach den unbedingt erforderlichen Inhalten, sondern immer auch die danach, was denn aus dem inzwischen ungeheuer großen Vorrat an maßgeblichen Informationen, an Kenntnissen über das Thema, in den Unterricht übernommen werden soll. Denn nicht alles, was objektives Wissen der Menschheit über die thematisch gemeinte Sache ist, kann auch tatsächlich im Unterricht behandelt werden. Das würde die zeitliche und institutionelle Kraft von Schule und Unterricht bei weitem übersteigen. Vor allem Lehrer, die ein intensives und anspruchsvolles Fachstudium hinter sich haben, geraten hier in die Gefahr, möglichst alles vermitteln zu wollen, was ihre Fachdisziplin an bedeutsamen und aktuellen Erkenntnissen bereit hält.

Bei der Auswahl spielen auf der einen Seite *sachlogische* Gesichtspunkte eine Rolle bei der Frage, ob bestimmte Inhalte unbedingt notwendig sind oder ob auf sie verzichtet werden kann. Auf der anderen Seite aber sind *didaktisch-logische* Gesichtspunkte zu beachten, nämlich ob die vorgesehenen Inhalte auch tatsächlich für die Schüler erfassbar sind, gerade hier und jetzt aufgenommen werden können. Die übergeordnete pädagogische Frage – die Rechtfertigung – nach der Erfordernis der Inhalte für den Lernprozess der Schüler, für die auf sie bezogene Erziehungs- und Bildungsbedeutsamkeit, ist zusammen mit der Entscheidung für die Lernziele gestellt, nunmehr aber rückblickend und rückwirkend noch einmal aus der Reflexion der Sache aufzunehmen und gegebenenfalls verändert zu beantworten. Hier spielt die Einbeziehung epochaler Zeitstrukturen in didaktische Entscheidungen eine wesentliche Rolle.

Neben der Auswahl ist hier auch eine Ordnung von Inhalten vorzunehmen. Die kann – wie bei den Zielsetzungen – nach sachlogischen oder/und nach didaktisch-logischen Gesichtspunkten erfolgen (vgl. daselbst!).

---

[4] Oft ist für die hier angesprochene Aufgabe auch von *Sachanalyse* die Rede.

Drei Aufgaben stellen sich Lehrern mithin hinsichtlich der Inhalte:

- **Sich sachkundig machen**
  Dabei sollte nicht gleich zu Schulbüchern o. Ä. gegriffen werden, sondern auf wissenschaftliche Quellen zurückgegangen werden. Wer gleich Sekundär- oder Schulliteratur benutzt, lässt sich die maßgeblichen didaktischen Entscheidungen - hier besonders die Auswahl, aber auch die Ordnung - aus der Hand nehmen. Das mag zwar zeitsparend sein - deshalb auch ab und zu vertretbar sein -, aber wissenschaftlich ausgebildete Lehrer informieren sich an den originären Quellen! Und: Kein Schulbuch kann die je besondere Lernsituation angemessen berücksichtigen, vor allem die betroffenen Lernenden darin nicht!

- **Auswahl aus den Inhalten vornehmen**
  Sind bestimmte Inhalte für die Behandlung des Themas unter der entschiedenen Zielperspektive unbedingt notwendig? Macht die Situation eine besondere Gewichtung einzelner Inhalte nötig? Werden zusätzliche Informationen erforderlich, damit die Schüler sich allererst mit den Inhalten auseinander setzen können?

- **Folge-Ordnung der ausgewählten Inhalte treffen**
  Ist von der Sache her eine bestimmte Folge einzuhalten? Legen didaktische Vorstellungen eine bestimmte Folge nahe?

4.5 Arrangement: Wie soll der Unterricht gestaltet werden?

Vom *Arrangement* als der didaktischen Aufgabe, das *Wie* von Unterricht zu gestalten, statt wie üblich von Methode zu sprechen, ist eine weitere Besonderheit des WPM. Arrangement meint immer auch Methode, umgreift aber mehr als Methode, umfasst - mit Methoden, Medien, Sozialformen - insgesamt drei notwendig werdende Reflexions- und Entscheidungskomplexe der Unterrichtsplanung.

Im *Berliner Modell,* dem inzwischen geradezu als archetypisch empfundenen Planungsmodell lerntheoretischer Didaktik, gelten neben Entscheidungen über Ziele und Inhalte die über Methoden und Medien als essenziell, um Unterricht begründen zu können, und so werden diese vier als einzelne Entscheidungsfelder aufgeführt. Was die seinerzeit erstmals in das Planungsdenken als eigenständige Dimension eingeführte Medienfrage betrifft, so ist sowohl ihre Aufnahme in das Modell wie auch ihre Abhebung von der Methode wohl vor allem historisch bedingt. HEIMANN erkannte die zunehmende Bedeutung von Medien für den Unterricht und wollte sie in die rationale Bearbeitung durch Lehrer aufnehmen; und offensichtlich deshalb stellte er sie getrennt von der Methodenfrage dar. Hier hingegen werden die notwendigen Entscheidungen von Lehrern über Methoden, Medien und Sozialformen des

Unterrichts zusammengefasst, um deutlich zu machen, dass es um die einheitliche Klärung der Gestaltung von Unterricht, um das Wie, geht. Denn heute wird - anders als seinerzeit, als die Methodenfrage durch die Auswirkungen der inhaltszentrierten bildungstheoretischen Didaktik als bloß von sekundärer Bedeutung gegenüber der Inhaltsauswahl betrachtet wurde - das *Wie* für ebenso bedeutsam gehalten wie das *Was*: Unterrichtserfolg, ob tatsächlich etwas gelernt wird und ob mit dem Gelernten produktiv umgegangen werden kann, wird als ebenso abhängig von den Inhalten wie von den Verfahren des Lernens - und damit auch des Lehrens - erachtet. Daher wird hier ein einziges, aber in sich differenziertes *Wie* des Unterrichts in das Modell aufgenommen.

Von Arrangement zu sprechen, entspricht dem aktuellen Denken über die hier anstehenden Aufgaben eher, weil es um mehr als nur Methodenentscheidungen geht, nämlich um die Frage der Gestaltung der gesamten *Lernumgebung*. In der sich selbst als konstruktivistisch bezeichnenden Lernpsychologie wird von Lernumgebungen gesprochen, um zum Ausdruck zu bringen, dass der Lernerfolg im Wesentlichen immer auch von der Art des Lernens abhängig ist, sodass der Frage nach dem Wie, nach dem Weg, didaktisch große Bedeutung zukommt. Ausgangspunkt der Überlegungen ist die Feststellung, dass in unseren Schulen und unserem Unterricht zwar durchaus gelernt wird, dass aber das Erlernte in der Regel *träge* bleibt, also nicht aktiv zur eigenständigen Lebensgestaltung eingesetzt werden kann.[5] Um Wissen nicht träge bleiben zu lassen, sondern *produktiv* einsetzbar, kommt es vor allem darauf an, es auf eine Art und Weise erwerben zu lassen, die eben dies ermöglicht. Und hierfür wird eine Lern*umgebung* für notwendig gehalten, die hinsichtlich der zum Einsatz gelangenden Methoden, Medien und Sozialformen bestimmten Forderungen genügt.[6] Dafür nur nach Methoden zu suchen, reicht nicht aus. Deshalb wird auch hier im WPM vorgeschlagen, stets das gesamte Arrangement von Methoden, Medien und Sozialformen in den Blick zu nehmen und die Aufgabe darin zu sehen, eine umfassende Lern*umgebung* zu gestalten, sie durch maßgebliche Entscheidungen vorzusehen und durch entsprechende Maßnahmen *vor*zuorganisieren.

Arrangement umfasst die gesamte Verlaufsgestaltung des Unterrichts, wozu besonders drei Reflexions- und Entscheidungsdimensionen als bedeutsam begriffen werden - die über Methoden, über Medien und über Sozialformen. Sie werden als besonders eng zusammenhängend aufgefasst, zugleich aber auch als durchaus für sich zu durchdenken und zu entscheiden dargestellt:

---

5 Eben diese Tatsache wurde bei 15-jährigen Schülern deutscher Schulen durch die erste Runde der PISA-Studien festgestellt. Vgl. dazu Deutsches PISA-Konsortium (Hrsg.), PISA 2000, Opladen 2001.

6 Dies ist auch der Kern der Vorschläge der sog. »konstruktivistischen« Lernpsychologie. Vgl. dazu Peterssen, Wilhelm H., Lehrbuch Allgemeine Didaktik, 6., völlig ver., akt. u. stark erw. Aufl., München 2001, bes. S. 121 ff.

- *Methoden* Dabei geht es um das Wie (i. e. S.) von Lernen und Lehren, um die Art, Dauer, Folge usw. von Aktivitäten, die Schüler und Lehrer vollziehen sollen.
Beispiel: *Frontalunterricht*

- *Medien* Dabei geht es um die Mittel, die von Schülern und Lehrern bei ihren Aktionen verwendet werden sollen.
Beispiel: *Video-Clip*

- *Sozialformen* Dabei geht es um die Art der Zusammenarbeit zwischen Schülern und Lehrer.
Beispiel: *Partnerarbeit*

Eine vielfach zu beobachtende Erscheinung in diesem Zusammenhang stellen die Verselbstständigung des Arrangementdenkens und dic Hypostasierung einzelner Arrangements, zumeist auch nur von einzelnen Methoden, dar. Das ist besonders stark der Fall bei *offenen* Unterrichtsarrangements und bei Methoden der *Freiarbeit*. Offener Unterricht und Freiarbeit werden gegenwärtig offensichtlich als besonders gute Gestaltungsformen gewertet und dann geradezu manieristisch aufgenommen und praktiziert. Ohne viele Überlegungen und ohne dass noch Bezug auf die je konkreten Zielsetzungen und Inhalte des Unterrichts genommen würde, wird der gesamte Unterricht von vorneherein unter das methodische Verdikt gestellt, er müsse *offen* sein, das Lernen müsse *frei* erfolgen. Einmal ganz abgesehen davon, ob das in der Tat der Fall sein sollte und überhaupt sein kann, wird hier der interdependente Zusammenhang aller Unterrichtsentscheidungen negiert. Arrangements müssen stets auf die damit verfolgten Zielsetzungen und die damit behandelten Inhalte abgestimmt sein. Arrangements - seien sie auch noch so en vogue - haben keinen Eigenwert.

Mir wurde verschiedentlich von Schulräten berichtet, die zu Überprüfungszwecken Lehrer in ihren Klassen aufsuchten, um dort an einer oder auch mehreren Unterrichtsstunden teilzunehmen, die - sobald sie hörten, es sei *Freiarbeit* vorgesehen - übereinstimmend lächelnde Gesichter aufsetzten und entsprechend freundliche Äußerungen von sich gaben: »Ja, das ist ja sehr schön. Da werden wir ja einen guten Unterricht zu sehen bekommen.« Und von anderen, die nach einer durch *Frontalunterricht* geprägten Stunde ihre Bedenken äußerten, ob es sich überhaupt um einen heute noch akzeptablen Unterricht gehandelt habe, zumal ja ein Erfolg sich wahrscheinlich nicht einstellen werde ...

Die Überlegungen und Entscheidungen zum Arrangement von Unterricht, die Lehrer anstellen bzw. treffen müssen, sind vor allem:

- **Methoden**
  Welche Aktivitäten sollen Schüler und Lehrer aufnehmen, um sich mit den ausgewählten Inhalten zu befassen und so zu den vorentschiedenen Lernzielen zu gelangen?
  In welchem zeitlichen Umfang und in welcher zeitlichen Folge sollen sie diese ergreifen? Lassen sich bekannte und bewährte Methoden, Techniken und Konzepte heranziehen?
  Sollte das Lernen und Lehren bekannten didaktischen Prinzipien für die Unterrichtsgestaltung folgen?

- **Medien**
  Welche Mittel sind unbedingt erforderlich, damit die ins Auge gefassten Aktivitäten auch tatsächlich ausgeführt werden können?
  Werden von didaktischer Seite aus - Medienzentren, -sammlungen - infrage kommende Mittel zur Verfügung gestellt?

- **Sozialformen**
  Wie soll die Zusammenarbeit zwischen den Schülern und zwischen Schülern und Lehrer erfolgen?

Alle diese Fragen, zu allen drei Komplexen, sind nicht nur unter funktional-technologischen Gesichtspunkten zu stellen, sondern es ist auch immer danach zu fragen, ob die ins Auge gefassten Maßnahmen von ihrem Eigenwert, ihrer »Formqualität« (HEIMANN)[7], her sich auch tatsächlich in die vorgesehene komplexe Unterrichtswirklichkeit einfügen oder ob sie nicht völlig unerwünschte Auswirkungen - oder auch bloß Nebenwirkungen - haben können.

[7] HEIMANN hat dies zwar im Hinblick auf Medien im Unterricht ausgesagt, doch lässt sich diese Aussage auf alle Maßnahmen zum Unterrichtsarrangement beziehen. HEIMANN, PAUL, Didaktik als Theorie und Lehre, in: Die Deutsche Schule, 54. Jg. 1962, S. 407 ff., hier: S. 421.

5 Planungshilfen

An Planungshilfen fehlt es in der Didaktik nicht.[8] Da das WPM offen angelegt ist, können alle vorfindbaren Hilfen übernommen und in die Planung einbezogen werden, sofern sie sich in das Netz des Modells im besonderen Fall inhaltlich widerspruchsfrei einfügen lassen. Hier sollen im Folgenden nur ausgewählte Hilfen kurzgefasst angeboten werden. Und zwar folgt die Auswahl dem hier aufgenommenen zentralen und zentrierenden Begriff der *Handlungsfähigkeit*. Die als Stichworte angebotenen Planungshilfen sollen Überlegungen und Entscheidungen strukturieren, die einen Unterricht absichern helfen, der eine Förderung der Handlungsfähigkeit von Schülern ermöglicht.

5.1 Zum Thema: Stichwort »Pädagogische Bedeutung«

Hier erhalten Sie Hilfestellung für die Beantwortung der pädagogisch wohl relevantesten Frage hinsichtlich eines im Unterricht behandelten Themas: Hat das Thema für die von mir unterrichteten Schüler gerade jetzt und hier überhaupt eine existenzielle Bedeutung, sodass ich berechtigt bin, es im Unterricht zu behandeln?

Themen entstehen aus pädagogischen Überlegungen über Sachen, besser: über vorhandenes Wissen über Sachen. Dies wird gleichsam pädagogisch aufgeladen! Man befasst sich beispielsweise gedanklich mit der Sache *Ruhrgebiet*, mit dem aktuell darüber vorliegenden Wissen. Und wenn man das pädagogisch tut, dann denkt man darüber nach, ob es im Unterricht behandelt werden *sollte* (Rechtfertigung) und wozu es im Unterricht behandelt werden sollte (Zielsetzung) und kommt dann möglicherweise zu einer Formulierung wie *Das Ruhrgebiet – Beispiel gelungenen wirtschaftlichen Wandels*. Wie auch dies Beispiel belegt, geht es bei der pädagogischen Aufladung im Grunde genommen immer darum, aus zahlreichen Möglichkeiten, die ein Sachverhalt von sich aus für eine unterrichtliche Behandlung bietet, eine auszuwählen. Was als Sachverhalt pädagogisch zumeist überaus polyvalent ist, muss *auf den Nenner gebracht werden*, muss durch Entscheidungen bis zu einer möglichst eindeutigen Formulierung geführt werden.

Bedeutungsfragen nach Wolfgang Klafki

Eine sehr gute und seit langem bewährte Hilfe dafür findet sich bei Wolfgang Klafki, der sie einst im Rahmen seiner *didaktischen Analyse* entwickelte – die Fragenfolge nach der Bedeutung von Themen für den aktuellen wie künftigen

[8] Vgl. dazu die Liste der ausgewählten Literatur, S. 135. Ich selbst habe dafür das Handbuch Unterrichtsplanung verfasst: 9., akt. u. überarb. Aufl., München 2000.

Lebensbezug von Schülern. Hier wird sie entsprechend unserem Ansatz themenbezogen aufgegriffen und ausgedrückt.[9]

Frage 1: Exemplarische Bedeutung

Zugrunde liegt die Auffassung, dass es besser ist, statt ein einzelnes Thema isoliert für sich zu behandeln, solche Themen anzubieten, an denen zugleich zumindest eine exemplarische Einsicht erworben werden kann, d. h. eine solche, die auf viele ähnliche Sachverhalte bezogen werden kann. In einem Bild: Statt für jedes Einzelzimmer eines großen Gebäudekomplexes einen besonderen Schlüssel auszugeben, sollte ein Generalschlüssel vergeben werden, mit dem alle Räume sich öffnen lassen. Der Vorteil liegt - so wird angenommen - nicht nur darin, dass etwas einmal Erworbenes sich vielfach verwenden lässt, sondern auch darin, dass nur einmal ein Erwerb stattfinden muss, also Lernzeit eingespart werden kann.

- »Wofür soll das geplante Thema exemplarisch, repräsentativ, typisch sein?«
  Beispiel: Die *Emder Seeschleuse* soll das Prinzip einer *Treppe für Schiffe* einsichtig machen, das überall dort notwendig wird, wo unterschiedliche Wasserstände herrschen.

- »Wo lässt sich das an diesem Thema zu Gewinnende als Ganzes oder in einzelnen Elementen - Einsichten, Vorstellungen, Wertbegriffen, Arbeitsmethoden, Techniken - später als Moment fruchtbar machen?«
  Beispiel: Das Schleusenprinzip - Treppe für Schiffe - am *Suez-Kanal, Panama-Kanal, geneigte Ebenen (Ermland)* u. a.

Frage 2: Gegenwartsbedeutung

In der Tat muss man Kinder dort abholen, wo sie stehen! Doch darf diese Frage nicht nur in technischer Absicht gestellt werden, d. h. um einen möglichst lückenlos an Bekanntes anschließenden Lernprozess einzurichten, der den Forderungen nach strukturbildendem Lernen in kognitionswissenschaftlich-psychologischem Verständnis entspricht. Vielmehr geht es hier primär um die existenzielle Bedeutung von Sachverhalten u. Ä., es geht darum zu klären, welche tatsächliche Bedeutung sie für die Schüler bereits haben. Darüber hinaus wird hier die Frage aber noch pädagogisch gewendet: Es wird danach gefragt, welche Bedeutung der Sachverhalt haben *soll*. Lehrer sind hier deutlich aufgefordert, pädagogische Entscheidungen zu treffen, in recht verstan-

---

[9] Vgl. dazu Klafki, Wolfgang, Didaktische Analyse als Kern der Unterrichtsvorbereitung, in: Auswahl, Reihe A, Bd. 1, 4. Aufl., Hannover 1964, S. 5-34, bes. S. 15 ff. Vgl. auch die Darstellungen mit Beispielen bei Peterssen, Wilhelm H., Handbuch Unterrichtsplanung, 9., akt. u. überarb. Aufl., München 2000, S. 47 ff.; ders., Lehrbuch Allgemeine Didaktik, 6., völlig ver., akt. u. stark erw. Aufl., München 2001, S. 166 ff.

dener pädagogischer Verantwortung für ihre Schüler zu entscheiden, was diese zu lernen haben.

- »Welche Bedeutung hat ... die an diesem Thema zu gewinnende Erfahrung, Erkenntnis, Fähigkeit oder Fertigkeit bereits im geistigen Leben der Kinder meiner Klasse, welche Bedeutung sollte sie - vom pädagogischen Gesichtspunkt aus gesehen - darin haben?«
  Beispiel: Die in Emden lebenden Schüler kennen die Seeschleuse aus täglichen Zeitungsberichten, z. B. über Havarien von großen Schiffen mit ihr u. Ä., und auch aus Aufenthalten dort, wo es stets Interessantes zu sehen gibt. Und wenn dies noch nicht für alle der Fall ist, so sollten doch alle das entsprechende Interesse haben.

Frage 3: Zukunftsbedeutung

Pädagogische und didaktische Eingriffe werden stets in der Absicht vorgenommen, durch sie die Entwicklung von Heranwachsenden gezielt zu beeinflussen, in ganz bestimmte Richtungen zu lenken. Die Auswahl von Themen und Lerninhalten muss sich deshalb immer daran rechtfertigen lassen, ob diese eine positive Auswirkung auf den Entwicklungsprozess Heranwachsender zu leisten vermögen. Und auch dies ist keine Frage nur nach einer wahrscheinlich möglichen Zukunft, sondern in pädagogischer Absicht wiederum eine Soll-Frage, eine Frage danach, ob und in welche Richtung die Zukunft der Schüler durch gegenwärtige Eingriffe gelenkt werden soll.

- »Worin liegt die Bedeutung des Themas für die Zukunft der Kinder?«
  Beispiel: Da wahrscheinlich die meisten Schüler dieser Klasse künftig in Emden leben werden, sollten sie hinreichende Kenntnisse usw. über die Seeschleuse haben. In diese wird sicher auch in Zukunft viel Geld - für Erhalt und Erweiterung - gesteckt werden müssen, unter Umständen eine ganz andere Lösung gefunden werden müssen, wenn sich die Schleuse als zu klein für große Schiffe erweist, sodass bereits jetzt nicht nur Sachinformationen erforderlich sind, sondern auch Einstellungen zum Leben in einer Hafenstadt reflektiert werden müssen.

Wenn Lehrer sich diese Fragen gestellt und solide beantwortet haben, dann sollten sie eigentlich imstande sein, die Entscheidung über pädagogisch sinnvolle und didaktisch machbare Themen zu treffen und das Ergebnis in eine eindeutige Formulierung zu fassen.

Beispiel: Die Emder Seeschleuse - eine Treppe für Schiffe

Ein derartig formuliertes Thema, aus dem eindeutig hervorgeht, worauf die Behandlung hinauslaufen soll, wird zum didaktischen *roten Faden* für den Lehrer, an dem er sich in der Behandlungszeit hindurchhangeln und zielgerichtet seinen Weg gehen kann. Was sich auch immer in der Behandlungszeit des Themas ereignet, der Lehrer hat festen Halt, kann von dort entscheiden, ob oder ob nicht den bis dahin unvorhergesehenen sichtbar werdenden Möglichkeiten gefolgt werden soll. Vor allem aber wird er nicht vergessen, dass auch alle themenbezogenen Informationen letzten Endes dazu dienen sollen, die grundlegende Einsicht über die Funktion der Seeschleuse und darüber hinaus von Schleusen überhaupt einsehen zu lassen.

5.2 Zur Situation: Stichwort »Zeitsignaturen«

Hier werden Ihnen Kategorien vorgestellt, die es Ihnen ermöglichen sollen, nicht nur die unmittelbar in Unterrichtssituationen wirksamen Bedingungen zu erfassen, sondern auch einen Bezug zwischen Ihrem Unterricht und der epochalen gesellschaftspolitischen Situation herzustellen!

Wo Unterricht immer nur in internen Referenzen aufgefasst und geplant wird, da wird sicher eine gute Reibungslosigkeit des Unterrichts erreicht. Im Hinblick auf Unterrichtsbedingungen bedeutet das, jeweils die in einer Situation – eben nur intern – wirksamen Voraussetzungen aufzuspüren und bei den Entscheidungen über operative Maßnahmen zu berücksichtigen. Dass dies allerdings unbedingt erforderlich ist, muss wohl nicht gesagt werden: Ohne die Erfassung, Analyse und Berücksichtigung des situativen Lernstandes von Schülern, ihrer je gegenwärtigen Lebensbedingungen, der lokalen Gegebenheiten, von institutionellen und administrativen Vorgaben usw. kann kein Unterricht gelingen, ist er geradezu zum Misserfolg verdammt. Aber die interne Anbindung der Planung ist nicht alles, sie reicht nicht aus, um zeitgemäßen Unterricht zu planen. Hinzukommen muss der externe Bezug.

Unterricht ist eine Einrichtung schulisch organisierten Lernens. Im und durch Unterricht erfüllt die Schule ihre gesellschaftlichen Aufgaben. Nach Helmut Fend kann man diese dreifach fassen:[10]

Schule qualifiziert ihre Schüler

Sie vermittelt ihnen alle einzelnen Qualifikationen, die gebraucht werden, um in der Gesellschaft bestehen und ein gutes Leben führen zu können. Umgekehrt benötigt auch die Gesellschaft höchstqualifizierte Angehörige, um bestehen und weiterbestehen zu können. Dazu bietet sie Schülern vor allem im schulischen Unterricht Gelegenheit, alle benötigten Informationen zu erwerben und übt den Umgang mit ihnen ein.

[10] Vgl. Fend, Helmut, Theorie der Schule, 2., durchgeseh. Aufl., München/Wien/Baltimore 1981, bes. S. 13 ff.

Schule selektiert (allokiert) ihre Schüler

Schule wird, da das Grundgesetz unseres Staates Bevorzugungen und Benachteiligungen nach Zufällen von Geburt, Geschlecht u. a. verbietet, zur »zentralen sozialen Dirigierungsstelle« (HELMUT SCHELSKY), zumindest ihrem Auftrag nach. Nach feststellbaren Leistungen verteilt die Schule Berechtigungen durch bestimmte Abschlusszertifikate - Abitur u. a. -, die Weichen für das weitere Leben und dessen Lokalisation in der Gesellschaft stellen.

Schule integriert ihre Schüler

Schule führt Heranwachsende in die bestehende Gesellschaft mit allen ihren Normen, Wertvorstellungen usw. ein. Dazu macht sie Schülern diese bekannt und versucht sie gleichzeitig den Schülern gegenüber zu legitimieren, sie als für unsere Gesellschaft unabdingbar auszuweisen.

Schule ist zwar mehr als Unterricht, man denke nur an das pädagogisch überaus wirksame *Schulleben*, aber in ihrem Zentrum steht der Unterricht. Und besonders in diesen hinein müssen entsprechend den gesellschaftlichen Aufgaben der Schule auch alle gesamtgesellschaftlich gründenden Reflexionen fortgeführt werden. Unterricht ohne solche Anbindung an die epochale Gestaltung der Gesellschaft verfehlt einen seiner wichtigsten Zwecke - Schüler auf ein angemessenes Leben in der Gesellschaft vorzubereiten.

Schule als Haus des Lernens

Ein erstes Mal befolgt wurde dieses Postulat für den weitgreifenden Entwurf einer Schule als *Haus des Lernens* in der nordrhein-westfälischen Empfehlung für eine aktuelle Schule.[11]

Das gesamte *Haus des Lernens*, seine organisatorische Einlagerung in die Gesellschaft wie seine Binnenorganisation und vor allem auch das Lernen darin, das zur Bildung führen soll, wird an einem Maßstab entworfen, der aus den epochalen Strömungen der Gesellschaft erstellt wurde. Für diese Strömungen hat man von *Zeitsignaturen* gesprochen.[12]

- Pluralisierung der Lebensformen und sozialen Beziehungen
- Veränderung der Welt durch neue Technologien
- Ökologische Frage
- Bevölkerungsentwicklung und Migration
- Internationalisierung der Lebensverhältnisse
- Wandel der Werte

[11] Vgl. Zukunft der Bildung - Schule der Zukunft, Denkschrift, hrsg. v. Bildungskommission Nordrhein-Westfalen, Neuwied/Kriftel/Berlin 1995.

[12] Vgl. ebd., S. 23 ff.

So wie die Kommission für ihre Vorschläge durchgängigen Bezug auf diese sechs angenommenen Zeitsignaturen nahm, so können auch Lehrer bei ihrer Planung Bezug darauf nehmen und so ihren Unterricht aus der lokalen Isolation in die gesellschaftspolitische Zeitsituation hineinstellen.

Zeitsignaturen

Bei der langfristigen Entwicklung des WPM wurde der Frage nach den aktuell erkennbaren Zeitsignaturen immer wieder nachgegangen und eine Reihe von fünf Kategorienkomplexen dafür erstellt. Dabei wurde immer aus der Richtung der Schüler gefragt, d. h. wie feststellbare charakteristische Trends und Tendenzen in der gegenwärtigen Gesellschaft sich wohl auf die Schüler auswirken könnten. So fällt es Lehrern auch leichter, sie bei ihren Planungen zu berücksichtigen.

Demokratisierung

Als bedeutsamstes Zeitmerkmal gilt uns die durchgängige Demokratisierung, die alle Bereiche menschlichen Zusammenlebens - berufliche wie private Lebensbereiche - durchdringt und von allen Menschen ein entsprechendes Verhalten erfordert, das auf der Grundlage selbstverantwortlicher und selbstbestimmter, zugleich solidaritätsorientierter Handlungsfähigkeit aufbaut.

Zielsetzung von Schule und Unterricht ist nicht nur die sachlich-technische, sondern in ebenso starkem Maße die gesellschaftlich-moralische Urteilsfähigkeit von Schülern.

Liberalisierung

Folge der durchgängigen Demokratisierung aller unserer Lebensbereiche ist vor allem eine *Liberalisierung von Werthaltungen* und damit im Zusammenhang auch eine anerkannte Vielfältigkeit von Lebensgestaltungen. Der Soziologe Ulrich Beck spricht von grundsätzlicher *Pluralisierung von Lebensformen*, weil es für die Gestaltung einzelner Lebensbereiche nicht mehr, wie einst in autoritär aufgebauten Gesellschaften, bestimmte für alle geltende Vorschriften gibt, sondern viele Gestaltungsformen möglich geworden sind. Man kann ohne gesellschaftliche Ächtung seine Lebensform wählen. Die Lebensformen haben zwar durchaus nicht alle dieselbe Wertigkeit im Empfinden der Menschen, aber als völlig unmöglich gilt keine mehr. Beispielsweise gilt nach wie vor für das Zusammenleben die Form der *traditionellen Familie* als besonders erstrebenswert. Aber niemand muss heute befürchten, dafür geächtet zu werden, dass er stattdessen als Single lebt oder dass er anstelle in einer geschlechtsheterogenen in einer homogenen Partnerschaft lebt u. Ä. Solche Pluralisierung auf der gesellschaftlichen Seite hat für den Einzelnen eine *Vereinzelung der Lebensführung* zur Folge. Er wächst nicht mehr automatisch in eine Lebensform hinein, sondern muss in eigenständiger Verantwortung seine eigene Lebensform finden. Das ist nicht nur ein großes Risiko für ihn, sondern verlangt ihm hohe Verantwortlichkeit für sich und sein Leben wie für die anderen und die Gesellschaft ab.[13]

Schule ist keine Schiene mehr, die ihre Schüler unausweichlich in bestimmte Lebensformen hineinführt. Schule muss begründende Aufklärung über die Vielfalt möglicher Lebensformen sein. Und dies ist vor allem eine Aufgabe des Unterrichts, nämlich maßgebliche Informationen anzubieten und den verantworteten Umgang mit ihnen zu üben, um so die individuelle Handlungsfähigkeit zu fördern.

Instabilität

Instabilität ist zum beherrschenden Merkmal unserer Lebensumstände geworden: Nichts ist heute mehr so, wie es gestern war! Nichts wird morgen mehr so sein, wie es heute ist! Die gesamte Umwelt des Menschen, seine Bezüge zu ihr und seinesgleichen sind einem ständigen und - was heute noch mehr wiegt - überaus schnellen Wandel unterworfen. Aus schulischer Sicht gerät dabei besonders die immer geringer werdende *Halbwertzeit* erworbener Informationen in den Blick. Hier ist zwar üblicherweise von Halbwertzeit die Rede, aber tatsächlich handelt es sich um das andere Phänomen der potentiell zunehmenden Häufung von Informationen: Nicht das erworbene Wissen vermindert sich nach der Zerfallsregel, sondern neues Wissen tritt ständig hinzu; das bereits bekannte Wissen erhält so in der Relation einen immer geringeren Wert.

Dies zwingt die Schule geradezu, neben Lerninhalten - die schnell an Wert und Lebensbedeutung verlieren - immer auch die grundlegende Fähigkeit zum Lernen, zum eigenständigen Erwerb von Informationen, erlernen zu lassen. Und dies muss zugleich auch als Grundfähigkeit dafür begriffen werden, sich insgesamt und in seinen gesamten Beziehungen zur Welt verändern zu wollen und zu können.

Veränderung und Kumulierung von Tätigkeiten

Fundamentale Änderungen in Gesellschaft und Wirtschaft - und damit vor allem im Beruflichen, aber auch im Privaten - haben dazu geführt, dass auf den einzelnen Menschen gegenüber den bisherigen stark veränderte Tätigkeiten zukommen - statt physisch bestimmter immer mehr geistig-intellektuell bestimmte Tätigkeiten. Und wenn hierzu die unaufhörliche Veränderung kommt, so bedeutet das, dass niemand mehr längere Zeit dieselben Tätigkeiten verrichten kann, um dadurch sein professionelles wie privates Leben zu fristen. Ein weiteres Merkmal menschlicher Tätigkeit ist die Kumulierung von Einzeltätigkeiten auf das Individuum. Das widerspricht keineswegs der im

[13] Vgl. BECK, ULRICH, Risikogesellschaft, Frankfurt 1986.

Professionellen weiterhin zunehmenden Diversifikation, der Ausgliederung immer weiterer Berufe. Vor allem im Privaten kommen auf den Einzelnen heute alle möglichen Tätigkeiten zu, mit denen er fertig werden muss. Besonders starken Einfluss haben hier technologische Veränderungen, die sich bis in die allerintimsten Bereiche des individuellen wie gesellschaftlichen Lebens hinein auswirken. Man denke nur einmal an die ausufernde Datentechnik.

Schule und Unterricht können solche Veränderungen nicht negieren und entsprechende Inhalte draußen vor der Tür lassen; und sie können auch die erforderliche Handlungsfähigkeit von Heranwachsenden nicht diesen selbst überlassen. Inhalte wie Qualität von individueller Handlungsfähigkeit müssen bei der Planung von Unterricht berücksichtigt werden.

Globalisierung und Vernetzung

Durch neue Technologien - im technischen, wirtschaftlichen wie sozialen Bereich - und aktuelle politische Entwicklungen ist eine weltweite Vernetzung aller Menschen mit allen Menschen möglich geworden und vielfach bereits nachhaltig eingetreten. Es hat sich eine (fast) totale *kommunikative* und - damit einhergehend - *soziale* Vernetzung herausgebildet, der niemand entfliehen kann. Durch die Vernetzung sowie die schnelle Überbrückung von Entfernungen und wirtschaftliche sowie politische Konsequenzen daraus ist es inzwischen zu einer bisher für unerreichbar gehaltenen Globalisierung gekommen. Wir sind dadurch in einen *ökonomischen* und *politischen* Globalzusammenhang gestellt, aus dem wir uns gar nicht lösen können.

Ob Schule und Unterricht hier nach dem populären Grundsatz des *Think global, act local!* vorgehen oder sich einem anderen Grundsatz verschreiben, unerlässlich ist jedenfalls, auch bei der alltäglichen Unterrichtsplanung nicht nur gelegentlich auf die Tatsache von Globalisierung und Vernetzung zu schielen, sondern diese als bestimmende Zeitsignatur zu beachten.

5.3 Zu den Zielen: Stichwort Externe Referenz »Handlungsfähigkeit«

Hier werden Ihnen Hilfen angeboten, Ihren Unterricht nicht nur auf kurzfristig-inhaltliche Lernziele hin auszurichten, sondern Lernen und Lehren im Unterricht zu überhöhen auf langfristig und persönlichkeitsfördernde Zielsetzungen hin!

Hilfen für die Bestimmung und Rechtfertigung von Lernzielen für ihren täglichen Unterricht finden Lehrer in der Regel an zwei Orten: in den Lehrplänen und in den Bildungstheorien.

Lehrer sind nun einmal an die Einhaltung von Lehrplänen gebunden, in denen alle von der je zuständigen Bildungspolitik und Bildungsverwaltung vorentschiedenen Zielsetzungen von Schule und Unterricht enthalten sind.

Dass Lehrer Lehrpläne einhalten sollten, wird verständlich, wenn man eine seinerzeit von ERICH WENIGER vorgestellte Funktion von Lehrplänen betrachtet: Diese sollen eine *Vereinheitlichung von Bildung* gewährleisten.[14] Für ihren Geltungsbereich - in der Bundesrepublik Deutschland haben wegen der Kulturhoheit der Länder die sechzehn Bundesländer je eigene Lehrpläne - soll sichergestellt werden, dass alle Schüler - wo immer sie wohnen - denselben Bildungsanspruch eingelöst bekommen. Und dazu werden Schule und Unterricht Zielsetzungen verbindlich vorgegeben. Selbstverständlich sollte sein, dass trotz solcher Vorgaben Lehrer immer noch die Aufgabe haben, die Zielsetzungen gegenüber ihren Schülern erneut zu reflektieren und im Detail zu rechtfertigen. Lehrpläne geben zwar Ziele vor, aber das alleine sichert noch keine der Lernsituation voll angemessene Planung ab.

Interne Referenz

Für die Planung der jeweilige Lernsituation - zumeist der besonderen Unterrichtsstunde oder mehrstündigen Unterrichtseinheit - haben die Ziele Priorität. Besser - wird ihnen Priorität eingeräumt, weil man sich von einer zielorientierten und dann weiterhin zweckrationalen Planung eine bestmögliche gedankliche Absicherung des Unterrichts verspricht.[15] Wenn Ziele erstellt sind, werden sie zur *internen Referenz* aller weiteren Entscheidungen über den vorgesehenen Unterricht gemacht. Die Entscheidungen über Inhalte und das Arrangement müssen *passen;* durch sie vorgesehene Maßnahmen dürfen dem Ziel keineswegs dysfunktional entgegenwirken, müssen vielmehr in jeder Hinsicht zielförderlich sein.

Darüber hinaus gilt, was seinerzeit HEIMANN im *Berliner Modell* zum Ausdruck brachte: Da zwischen allen Unterrichtsentscheidungen durchgängige *Interdependenz* angenommen wird - eine ständige wechselseitige Beeinflussung -, sind alle Entscheidungen stets aufeinander abzustimmen.[16] Nur durch Abstimmung aller Entscheidungen aufeinander - über Ziele, Inhalte und Arrangement - wird jene innere Stimmigkeit erreicht, die für erfolgversprechenden Unterricht erforderlich ist. Die Entscheidungen dürfen sich nicht widersprechen, so darf beispielsweise ein ins Auge gefasstes Medium nicht dem Ziel zuwider wirken (Ganz grob: *Wo der Felgaufschwung am Reck angepeilt wird, da kommt ein Barren als Gerät nicht in Frage*!).

Die innere Stimmigkeit einzuhalten, indem vom Ziel als interner Referenz aus alle weiteren Planungsentscheidungen erwogen und getroffen werden, das lernen angehende Lehrer schrittweise in den ins Studium integrierten Praktikumsphasen oder in der Referendariatszeit. Sich aber damit zufrieden

---

[14] Vgl. WENIGER, ERICH, Didaktik als Bildungslehre, Teil 1, Theorie der Bildungsinhalte und des Lehrplans, 6./8. Aufl., Weinheim 1965, S. 21 ff.

[15] Vgl. dazu im Einzelnen PETERSSEN, WILHELM H., Handbuch Unterrichtsplanung, 9., akt. u. überarb. Aufl., München 2000, bes. S. 114 ff.

[16] Vgl. HEIMANN, PAUL, Didaktik als Theorie und Lehre, in: Die Deutsche Schule, 54. Jg. 1962, S. 407-427.

zu geben, Unterricht stets nur auf solche innere Stringenz hin zu planen, das würde eine Verkürzung des Auftrags von Unterricht bedeuten. Dadurch könnte durchaus Lernerfolg erreicht werden - um nicht falsch verstanden zu werden: der ist unbedingt erforderlich und muss angestrebt werden -, doch Unterricht hat immer auch höher angesetzte Ziele. Und diese können mit bloß zweckrationaler Planung - an der inneren Struktur und vor allem den Zielen von Unterricht orientiert - nicht verwirklicht werden.

Externe Referenz

Zur internen Referenz von Unterrichtsplanung muss unbedingt noch eine *externe Referenz* hinzukommen, eine, die über den Tellerrand der einzelnen Unterrichtsstunde hinaussehen lässt. Von Gesellschaft und Staat wird Schule und Unterricht immer auch der Auftrag erteilt, über Lernen hinaus für *Bildung* und *Erziehung* der Schüler Sorge zu tragen. Lernen wird dabei als Voraussetzung von Bildung und Erziehung aufgefasst.[17] Eine zusätzliche externe Referenz zur internen für Entscheidungen über Unterricht vorzugeben, ist Kernpostulat didaktischer Theoriebildung. Didaktik begnügt sich nicht mit innerer Stringenz von Unterrichtsentscheidungen und -maßnahmen. Dadurch unterscheidet sie sich grundsätzlich von der Pädagogischen Psychologie. Diese fragt nach dem *Instructional Design* einer Unterrichtsstunde, wozu es ausreicht, alle internen Momente von Unterricht bestmöglich und mit höchstmöglicher Reibungslosigkeit aufeinander zu beziehen. Didaktik verlangt mehr als nur Unterrichtstechnologie, erfordert den Bezug von Unterricht und allen auf ihn gerichteten regulativen und operativen Maßnahmen auf den heranwachsenden Menschen und seine Entwicklung.

Ganz allgemein ausgedrückt: Wenn Lehrer Unterricht planen, haben sie immer auch zu fragen, wo und in welcher Weise über die jeweils angestrebten begrenzten internen inhaltlichen Zielsetzungen der Unterrichtseinheit hinaus zugleich Bildung und Erziehung der Schüler zu fördern möglich ist. Hilfen dafür bietet die Erziehungswissenschaft mit ihren Konstrukten von Erziehung und Bildung ganz allgemein, im Besonderen aber die bildungstheoretische Didaktik.[18] Aber in den letzten Jahren wurden auch in der lerntheoretischen Didaktik - die sich ursprünglich nur an einen neutralen Lernbegriff hielt - präzisierende Leitkategorien für den Unterricht entwickelt. Hier ist jener der *Handlungsfähigkeit* aufgenommen worden. Handlungsfähigkeit sollte zur externen Referenz für die Planung gemacht werden. Das bedeutet einfach ausgedrückt: Im Unterricht sollte nicht nur immer etwas Bestimmtes inhaltlich gelernt werden, sondern darüber hinaus das Erlernte etwas sein und so gelernt werden, dass zugleich immer auch die Handlungsfähigkeit von Schülern dadurch gefördert wird. Und bei der Planung ist darauf zu achten, dass dies auch tatsächlich möglich wird. Planungsüberlegungen und -entscheidungen sind dementsprechend vorzunehmen.

---

[17] Vgl. dazu bes. S. 67 ff.!

[18] Vgl. dazu bes. die Konzepte von Wolfgang Klafki, a. a. O.

Zielsetzung Handlungsfähigkeit

Das WPM geht nicht sofort und unmittelbar auf Bildung und Erziehung aus, sondern bietet in Konsequenz seiner lerntheoretischen und pragmatischen Ausrichtung als externe Referenz *Handlungsfähigkeit* an. Handlungsfähigkeit wird als erlernbar begriffen, mit anderen Worten: als durch Lernen erreichbar betrachtet.

Handlungsfähigkeit

Als handlungsfähig gilt, wer imstande ist, selbstständig mit möglichst vielen Situationen fertig zu werden, in die das Leben ihn hineinführt, weil er die darin vorfindbaren Probleme eigenständig zu lösen fähig ist.

Zur Veranschaulichung der einzelnen Bestimmungsstücke dieser Beschreibung:

- *mit Situationen fertig werden,*
- *Probleme lösen,*
- *selbstständig, eigenständig,*

soll ein kleines Beispiel dienen, das phänomenologisch interpretiert wird.

Beispiel

Stellen wir uns jemanden vor, der ein Haus baut und der auch seinen Garten anlegen muss.

Garten anlegen wird für ihn eine *Situation,* in die er in seinem Leben hineingerät. Wenn er nun mit dieser Situation fertig wird, wenn er sie bewältigt, und zwar wenn er das selbstständig tut, dann gilt er als handlungsfähig.

Fragen wir uns: Was setzt ihn denn eigentlich in den Stand, diese Situation so selbstständig bewältigen zu können? Nun, in der Situation trifft er auf eine Anzahl einzelner *Probleme,* wie u. a. das *Problem der Grobplanie,* das *Problem der Grünfläche,* das *Problem der Bäume und Sträucher,* die gepflanzt werden sollen. Wenn er diese Probleme löst, wenn er jedes einzelne und alle zusammen löst, dann wird er mit der Situation insgesamt fertig, erweist sich somit als handlungsfähig.

Aber: Er muss sie selbstständig lösen! Hier halten wir einen Moment inne: Alle einzelnen Probleme selbstständig zu lösen, meint nun keinesfalls, dass er sie alle selbst oder gar alleine lösen müsste! Selbstständig löst er beispielsweise das *Problem der Grobplanie* auch, wenn er sich dazu an einen Landschaftsgärtner wendet und diesen beauftragt, die Planie durchzuführen. Dann ist immer noch er derjenige, der das Problem angeht und die Steuerung der Gesamtlösung im Griff hat.

Doch fragen wir uns weiter: Was setzt ihn nun eigentlich in den Stand, die Probleme selbstständig lösen zu können?

Nehmen wir dazu das Problem der Bepflanzung mit Bäumen und Sträuchern.

Um dieses zu lösen,

- braucht er solide *Kenntnisse* über die Pflanzvoraussetzungen, Bodenbeschaffenheit, Pflanzabstand nach geltendem Nachbarrecht usw.;
- braucht er auch gewisse *Fertigkeiten*, wie u. a. mit dem Pflanzspaten umzugehen, den einräderigen Karren zu schieben;
- braucht er auch noch klare *Einstellungen* und *Haltungen*, z. B. für heimische oder für exotische Pflanzen, für blühende oder immergrüne Gewächse u. Ä.

Ohne ein umfassendes und solides Fundament kognitiver (Kenntnisse), psycho-motorischer (Fertigkeiten) und affektiver Informationen (Einstellungen/Haltungen) ist er zu Problemlösungen nicht imstande.

Selbstständig bleibt er auch dann, wenn er zunächst gar nicht weiß, wie er das besondere Problem angehen und an wen er sich wenden kann, sofern er sich nur selbstständig weiterhelfen kann. D. h. wenn er weiß, wie er zu den nötigen - noch nicht vorhandenen - Informationen gelangen kann, z. B. dadurch, dass er die *Gelben Seiten* des Telefonbuchs benutzt oder andere Informationsquellen eigenständig zu nutzen weiß.

Doch muss noch etwas dazu kommen. Der Besitz von derartigen Informationen alleine reicht nicht aus, er muss auch - um mit KERSCHENSTEINER zu sprechen - selbstständig Gebrauch von ihnen machen können. Er muss seinen Bestand an Informationen auf die spezifische Situation und darin vorfindbare Probleme anwenden können. In der aktuellen Sprache konstruktivistischer Lernpsychologie: Er darf nicht bloß über *träges Wissen* verfügen, sondern über *intelligentes Wissen*, mit dem er produktiv umgehen kann.

Lesen wir unser Beispiel nunmehr von hinten nach vorne, so ergibt das:

- Handlungsfähigkeit setzt solide Informationen aller Art voraus,
- zusätzlich aber auch die Fähigkeit zu eigenständigem flexiblen Umgang mit ihnen.
- Dadurch sollte dann die Fähigkeit zu selbstständiger Problemlösung angelegt sein,
- sodass man problemhaltige Lebenssituationen meistern, bewältigen kann.

Was trägt dieses Beispiel zu einem differenzierten Verständnis unserer externen Referenz *Handlungsfähigkeit* bei? Nehmen wir es noch einmal in Augenschein:

- Ohne solide Informationen über die Sachverhalte, auf die ein Mensch bei Problemen stößt, kann er die Probleme nicht selbstständig lösen. Handlungsfähigkeit setzt also auf jeden Fall Sachinformationen im weiteren Sinn voraus. Wenn wir die gesamten maßgeblichen Informationen und die eigenständige Verfügbarkeit darüber als *Sachkompetenz* bezeichnen, dann wäre eben solche Sachkompetenz ein essenzieller Bestandteil von Handlungsfähigkeit.

- Da kaum jemand imstande ist, alle auf ihn zukommenden Probleme selbst zu lösen, sondern dabei auf andere Menschen angewiesen ist, braucht er die Fähigkeit, mit anderen zusammengehen, zusammenarbeiten, kommunizieren usw. zu können. Das Gesamt der dazu benötigten Informationen und ihre personale Verfügbarkeit bezeichnen wir als *Sozialkompetenz*, die sich ebenfalls als essenzieller Bestandteil von Handlungsfähigkeit erweist.

- Kein Mensch ist so vollkommen auf alle Lebenssituationen vorbereitet, dass er die zur Problemlösung benötigten Informationen bereits in sich abrufbar bereithält. Deshalb sollte er über die Fähigkeit verfügen, sich die noch nötigen Informationen selbstständig beschaffen zu können. Das Gesamt einer solchen Fähigkeit wird als *Methodenkompetenz* bezeichnet. Diese ist ein ebenfalls unverzichtbarer Bestandteil von Handlungsfähigkeit. Diese Komponente erhält heute sogar ganz besonders große Bedeutung, wenn man etwa daran denkt, dass die Halbwertzeit menschlichen Wissens (im weiteren Sinn *Kenntnisse* und *Fertigkeiten* und *Einstellungen/Haltungen* umfassend) immer geringer wird und dass deshalb jeder Mensch gezwungen ist, sich ständig und immer um die aktuelle Vervollständigung scines persönlichen Wissens zu bemühen.

- Keine Handlung kann heute ohne vorherige und begleitende Reflexion auf ihre Verantwortbarkeit hin durchgeführt werden. Problemlösungen sind von denen, die sie vorhaben oder ausführen, auf ihre moralische Vertretbarkeit hin zu überprüfen. Ob das in unmittelbarem Bezug zu Menschen oder mittelbarem Bezug - wenn es um Umweltprobleme o. Ä. geht - geschieht, spielt keine Rolle. Das Gesamt der Bereitschaft und Fähigkeit zu solchem Rechtfertigungsdenken wird als *Moralkompetenz* bezeichnet. Auch sie gilt uns als unabdingbarer Bestandteil von Handlungsfähigkeit.

Handlungsfähigkeit als externe Referenz zu nehmen, bedeutet für Zielentscheidungen und -rechtfertigungen, dass Lehrer bei alltäglicher Planung immer danach fragen, ob über das interne Ziel hinaus Handlungsfähigkeit gefördert werden kann und sollte. Aus den Ausführungen dürfte deutlich geworden sein: Es kommt nach der hier vertretenen Auffassung über Unterricht nicht nur darauf an, etwas Bestimmtes lernen zu lassen, sondern dabei bzw. daran zugleich auch den persönlich-eigenständigen Umgang damit und so mit dem zunehmendem Aufbau der vier Komponenten die allgemeine Handlungsfähigkeit von Schülern zu fördern.

Der Handlungsbegriff

Handlungsfähig zu sein, bedeutet handeln zu können, und zwar möglichst eigenständig! Kurz muss deshalb noch der Begriff von Handeln geklärt werden. Es finden sich zwar sehr viele und im Detail überaus unterschiedliche Definitionen von Handeln vor, doch weisen sie im Kern große Übereinstimmung auf.[19] In fast allen Fällen wird Handeln von bloßem Tätigsein o. Ä. un-

---

[19] Vgl. dazu PETERS, RALF, Das Wissen vom Handeln, Erkenntnistheoretische Untersuchungen zur Philosophie der Handlung, Köln 2000.

terschieden und dann bestimmt als *planvoll, absichtlich, bewusst* und *zielgerichtet*. Der von uns hier verwendete Handlungsbegriff stammt aus der so genannten östlichen Tätigkeitspsychologie und ist durch WINFRIED HACKER und seine Arbeitspsychologie in die Theorie der beruflichen Erstausbildung eingedrungen und von dort in unsere Allgemeine Didaktik übernommen worden.[20] Er klärt einerseits, wann von einem vollständigen Handeln gesprochen werden kann, und andererseits, dass Handlungen unterschiedlich bewusst vorgenommen werden können. Beide Bestimmungsstücke sind didaktischem Denken und vor allem der Unterrichtsplanung förderlich.

HACKER bestimmt als psychologisch vollständiges Handeln einen Vorgang, der stets zumindest drei Phasen aufweisen muss: *Planung* und *Ausführung* und *Kontrolle* des Handelns.

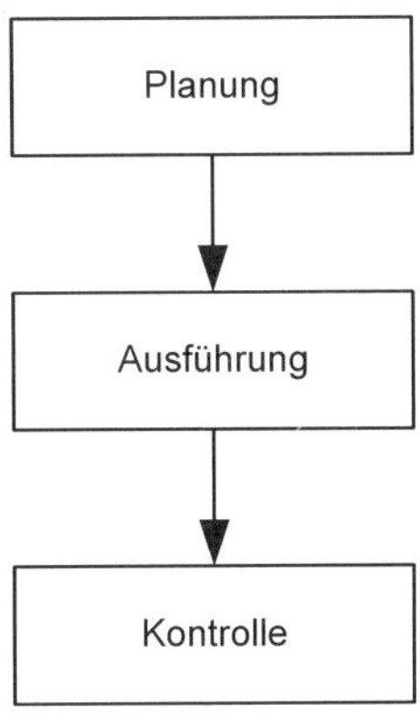

Abb. 4: Modell psychologisch vollständigen Handelns nach HACKER

Den vollständigen Handlungsprozess durch diese drei Phasen zu definieren, lässt sehr leicht erkennen, ob eine Handlung tatsächlich vollständig ist, und vor allem auch, ob jemand eine Handlung vollständig selbstständig vollzogen hat. Dies ist für didaktisches Denken bedeutsam: Wenn Handlungsfähigkeit gefördert werden soll, dann geht es um die *Qualifikation zu selbstständig vollständigem Handeln*. Die Fähigkeit, eine *Handlung selbstständig* zu *planen* und *durchzuführen* und zu *kontrollieren*, ist Ziel didaktischer Bemühungen im Unterricht. Solche Fähigkeit muss für die Planung zur externen Referenz werden; solche Fähigkeit in jedem Unterricht zu fördern, in dem sich das als möglich erweist, muss Planungsmaßstab sein. Dass dies nicht immer der Fall sein kann, versteht sich von selbst. Dass Selbstständigkeit nicht bedeutet, in allen drei Phasen ganz allein und stets selbst tätig zu sein, sollte nach den vorherigen Ausführungen auch deutlich geworden sein: Selbstständiges vollständiges Handeln bedeutet, *die Fäden in der Hand zu halten*; äußere Handlungsvollzüge können auch delegiert o. Ä. sein.

[20] Vgl. HACKER, WINFRIED, Allgemeine Arbeitspsychologie – Psychische Regulation von Arbeitstätigkeiten, Bern u. Göttingen u. Toronto u. Seattle 1998.

Allzu oft trifft man auf eine Handlungsförderung, die sich auf die hier als *Ausführung* unterschiedene Phase beschränkt. Hierfür werden Qualifikationen angeboten und vermittelt. Wer aber nur über solche verfügt, der ist zwar flexibel einsatzfähig, aber im Grunde genommen Manipulationen anheimgegeben. Neben *Ausführungs*qualifikationen müssen unbedingt *Planungs*qualifikationen angeboten werden. Denn nur wer seine Handlungsvollzüge eigenständig planen und seine Ausführungsqualifikationen eigenständig verplanen kann, kann als selbstständig Handelnder - und mithin als handlungsfähig - gelten. Wer Handlungsfähigkeit als externe Referenz nimmt, der muss seine Unterrichtsentscheidungen besonders auf die Planungsfähigkeit von Schülern richten. Was Planungsfähigkeit meint, das wird aus der bei HACKER unterschiedenen *Bewusstseinsfähigkeit* und *-pflicht* von Handlungen deutlich.

Dass Handeln planvoll und zielgerichtet ist, aber durchaus nicht immer bewusst und absichtlich erfolgt, zeichnet weiterhin den von uns hier verwendeten Handlungsbegriff aus. Dabei wird von HACKER zwischen dem *Anlass* und dem *Vollzug* von Handlungen unterschieden um zu verdeutlichen, dass manche Handlungen durch und durch bewusst und absichtlich vollzogen werden, andere hingegen nur teilweise dem Bewusstsein unterzogen werden müssen.

Es gibt ein Handeln, bei dem den Handelnden sowohl der Anlass als auch der Vollzug der Handlung völlig bewusst sind:[21]

Planvolles Handeln

Die Schuhe fallen auseinander. Man sieht sich gezwungen, neue Schuhe zu kaufen und macht sich daran, dies zu tun: Man überlegt, welche Schuhe man möchte, wie viel Geld man dafür ausgeben kann, wo man sie erhält ... Und man macht sich auf den Weg, geht ins Geschäft, probiert usw.

Handlungsanlass: bewusstseinsfähig!
Handlungsvollzug: bewusstseinspflichtig!

Es gibt ein Handeln, bei dem zwar der Anlass wahrgenommen wird, aber der Vollzug auf Grund von langen Erfahrungen routiniert und ohne weitere Gedanken erfolgt:

[21] HACKER spricht für die drei Handlungsebenen von: *intellektueller* (Pet.: planvolles Handeln), *rezeptiv-begrifflicher* (Pet.: routiniertes Handeln) und *sensu-motorischer* (Pet.: automatisiertes Handeln) Handlungsregulation.

Routiniertes Handeln

Der Stürmer sieht, dass sein Mitspieler frei steht und eine Torschussmöglichkeit hat. Er schlenzt ohne zu überlegen den Ball über die Köpfe der zwischen ihnen stehenden Gegenspieler hinweg.

Handlungsanlass: bewusstseinsfähig!
Handlungsvollzug: nicht bewusstseinspflichtig!

Doch gibt es auch Handlungen, die gleichsam automatisiert erfolgen, die Handelnden reagieren auf irgendeinen Anlass, ohne ihn tatsächlich wahrzunehmen und vollziehen die Handlung auch ohne alle Überlegungen:

Automatisiertes Handeln

Man fährt mit dem Auto auf eine Kreuzung zu, die Ampel schaltet um auf Rot. Man kuppelt aus, bremst ab, lässt ausrollen …

Handlungsanlass: kaum bewusstseinsfähig!
Handlungsvollzug: nicht unbedingt bewusstseinspflichtig!

Dieses Modell lässt sich für didaktische Überlegungen und Entscheidungen gut nutzen: Wo es um die Planung der Zielsetzungen von Unterricht, von Lernvorgängen, geht, führt es die Lernenden als Menschen vor Augen, deren Fähigkeit zum Handeln zu fördern bedeutet, sie dazu zu befähigen, eine Handlung vollständig von A bis Z steuern zu können, also *eine Handlung eigenständig planen und ausführen und kontrollieren zu können*. Dass dies wiederum nicht als Verlangen nach alleiniger Tätigkeit missverstanden werden darf, sollte weiter oben hinreichend deutlich geworden sein. Und die Kategorisierung von Handlungen sollte deutlich gemacht haben, dass es letzten Endes darum geht, die *Fähigkeit zu planvollem Handeln* zu fördern. Planvolles Handeln setzt die *Planungsfähigkeit* voraus. Diese gilt es mithin vor allem zu fördern.

Planen heißt, eine beabsichtigte Handlung in Gedanken vorwegnehmen zu können; zunächst ein Handlungsschema zu entwerfen, es gedanklich solange hin- und herzubewegen, bis es als erfolgversprechend akzeptiert werden kann. Im Einzelnen geht es dabei darum, den Weg zum vorgenommenen Handlungsziel in Schritte zu zerlegen, durch die man es erreichen kann. Dabei sind die Art und Zahl der Schritte vom eigenen Schrittvermögen abhängig, d. h. von dem, was man bereits weiß und kann.

Handlungsfähigkeit als externe Referenz zu nehmen, bedeutet mithin, beim Lernen von bestimmten Inhalten immer auch vorzusehen, dass mit diesen eigenständig umgegangen werden kann. Angestrebt werden muss die Fähigkeit zur Vorwegnahme von Handlungen - und das verlangt vor allem ein Unterrichtsarrangement, in dem solche Fähigkeit erwerbbar wird. Was das wiederum fordert, wird späterhin dargestellt (vgl. Hilfen für das Arrangement, S. 52 ff.).

Selbstverständlich dürfte sein, dass die externe Referenz Handlungsfähigkeit zwar den Blick von Lehrern besonders auf die Förderung planvollen Handelns lenken soll, dass aber die beiden anderen Handlungsformen - *routiniert* oder *automatisch* zu handeln - durch Unterricht ebenso zu fördern sind. *Automatisiertes Handeln* beispielsweise ist beim Schreiben, bei sportlichen Bewegungsabläufen, *routiniertes Handeln* beim Kochen, bei der eigenen Arbeitsorganisation notwendig und deshalb unbedingt zu fördern.

5.4 Zu den Inhalten: Stichwort Ganzheitlich-integrative »Handlungsfähigkeit«

Hier wird Ihnen ein Modell als Hilfe dafür angeboten, über die Auswahl von Fachinhalten hinaus auch weitere für die langfristige personale Förderung relevante Inhalte in den Unterricht mitaufzunehmen.

Im Hinblick auf die Inhalte von Unterricht entstehen für Lehrer in der Planung drei Aufgaben, wie weiter vorne erläutert wurde:

- sich sachkundig zu machen,
- eine Auswahl zu treffen und
- eine Folgeordnung vorzunehmen.

Was die besondere Sachkunde betrifft - solide und umfassende Kenntnis des anstehenden Themas zu haben -, so soll hier nur noch einmal an die übliche Fachkompetenz von Lehrern, einschließlich der Fähigkeit und Bereitschaft, sich hinreichend sachkundig zu machen - wenn dies noch notwendig ist - appelliert werden. Ich setze hier gleichsam einen Fach-Ethos von Lehrern voraus, zumal unsere Lehrer in der Regel in keinem Bereich so intensiv ausgebildet werden wie im fachlichen.

Die Ordnung von Inhalten nehmen Lehrer zum einen ebenfalls aus ihrer Fachkompetenz heraus vor, zumeist aus der Kenntnis der Systematik des studierten Faches, die einfach auf Unterricht übertragen wird. Durch solche sachlogisch erfolgende Ordnung wird Schulunterricht zum *systemvermittelnden Unterricht*, d. h. nicht die Heranwachsenden eigene Art des Herangehens an die Wirklichkeit, sondern die in Fachdisziplinen vorherrschende systematische Erkenntnisweise wird Ordnungsmaßstab für die Vermittlung von Informationen und dabei von Lernenden geradezu zwangsläufig mit übernommen.[22] Wo dafür didaktische Gesichtspunkte herangezogen werden, geschieht dies wohl überwiegend im Zusammenhang mit Überlegungen zum Unterrichtsarrangement.

Zentrale Frage für die Planung der Inhaltsdimension von Unterricht bleibt die Auswahlfrage: Welche Inhalte müssen oder sollen im Unterricht unter der vorgenommenen Themenstellung behandelt werden? Welche inhaltlichen Informationen müssen Schüler erwerben, um zu erlernen, was sie nach den vorentschiedenen Zielsetzungen lernen sollen?

Diesen Fragen wird üblicherweise anhand der *Stundenziele* nachgegangen. Am bereits entschiedenen *Wozu* des Unterrichts misst man das *Was* des Unterrichts. Dagegen ist auch gar nichts einzuwenden. Schließlich lenkt lerntheoretische Didaktik den Blick von Lehrern ausdrücklich gezielt auf die Priorität von Entscheidungen über Lernziele und auf den inneren Zusammenhang aller Unterrichtsentscheidungen. Auf diese Weise soll durch zweckrationale Planung Unterricht optimal geplant werden und durch innere Stringenz des Unterrichts dessen höchstmögliche Reibungslosigkeit erreicht und dadurch wiederum ein optimales Lernen abgesichert werden. Das *Prinzip der optimalen Passung* aller aufeinander bezogenen Unterrichtsentscheidungen ist einzuhalten. Nur so kann durch Planung ein Unterricht gewährleistet werden, der erfolgreiches Lernen zulässt.

Modell ganzheitlich-integrativen Handelns

Das WPM unterlegt dem verfolgten lerntheoretischen Denken aber noch zusätzlich eine *externe Referenz*, nämlich die *Handlungsfähigkeit*. Und um diese konsequent weiterzuverfolgen, reicht eine Planungsanbindung nur an die *interne Referenz* – die Lernziele – nicht aus. Es reicht auch nicht aus, alle Inhalte auszuwählen, die für eine solide sachliche Themenbeherrschung notwendig sind. Am jeweiligen Thema sollen ja weitere Kompetenzen als nur die Fach- bzw. Sachkompetenz gefördert werden. Handlungsfähigkeit ist unserem Verständnis nach eine ganzheitlich-integrative Fähigkeit mit den Komponenten Sach-, Sozial-, Methoden- und Moralkompetenz.[23]

---

[22] Dass hieraus zugleich auch Lern-Nachteile resultieren, weil *systemvermittelndes Lernen* zumeist zu nur *trägem* anstelle von *produktivem Wissen* führt, hat die konstruktivistische Lernpsychologie immer wieder betont. Vgl. dazu PETERSSEN, WILHELM H., Lehrbuch Allgemeine Didaktik, 6. Aufl., a. a. O., bes. S. 121 ff.

[23] Zu dem hier verwendeten Kompetenzbegriff vgl. auch bes. H. ROTH, der in seiner pädagogischen Anthropologie ebenfalls von Sach- und Sozialkompetenz sowie zusätzlich von moralischer Mündigkeit spricht, wohingegen im Umfeld der Berufspädagogik – wo diese Art von Kompetenzdenken verbreitet ist – bloß von Fach-, Sozial- und Methodenkompetenz gesprochen wird. H. ROTH, Pädagogische Anthropologie, Bd. 2, Entwicklung und Erziehung, Hannover 1971, bes. S. 388 ff. In manchen Konzepten wird auch eine Ich-Kompetenz – als Gegen- bzw. ergänzender Part zur Sozial-Kompetenz – aufgeführt. Ich halte die Ich-Kompetenz für in der Sozialkompetenz aufgehoben; denn auch mit sich selbst fertig werden, sich selbst organisieren usw. zu können, ist m. E. ein soziales Moment. Übrigens geht es ja insgesamt um das Ich, um das Individuum.

Diese Komponenten werden als *integrierende Bestandteile* der ganzheitlichen Handlungsfähigkeit begriffen. Lernen im und durch Unterricht ist auf Handlungsfähigkeit gerichtet und fördert - wo immer möglich - deren integrierende Bestandteile. Das bedeutet nicht, dass - wie mit einer Waage auszumessen - alle vier Komponenten gleichmäßig verteilt im Unterricht behandelt werden. Je nach besonderer Thematik, nach besonderen Lerninhalten ist danach zu fragen, welche der Komponenten sich beim Unterricht darüber besonders fördern lassen.

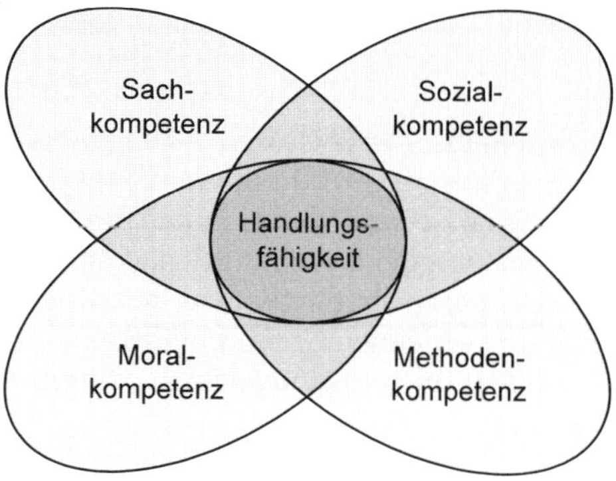

Abb. 5: Handlungsfähigkeit – ganzheitlich-integrativ aufgefasst

Das Modell begründet mit dem Bezug auf die *Sach*kompetenz auch die üblicherweise vollzogene Unterrichtsplanung - Auswahl von Sachinformationen, die ein Thema zu seinem Verständnis verlangt. Aber darüber hinaus kann es die Inhaltsplanung auf die weiteren drei Komponenten hin ausrichten. Es zwingt zwar nicht dazu, eine Art von Gleichgewicht zwischen allen vier Informationskomplexen herzustellen, lenkt aber den Blick von Lehrern bei der Planung auf jeden Fall über die bloßen Sachinformationen hinaus.

Legende zum Modell

Sachkompetenz

Als Sachkompetenz wird die Fähigkeit bezeichnet, über alle für die Bewältigung einer Situation notwendigen Sach-Kenntnisse, Sach-Fertigkeiten und Sach-Einstellungen/-Haltungen selbstständig verfügen zu können. Das ist mehr als nur der umfangreiche Besitz von entsprechenden Informationen; dazu gehört die grundsätzliche Fähigkeit, sie in spezifischen Situationen aktualisieren und verwenden zu können.

Hier muss darauf hingewiesen werden, was auch zur üblichen Planung stets gesagt werden sollte: Die Unterrichtswirklichkeit beschränkt sich zwar nicht ausschließlich auf sie, behandelt aber vorwiegend *kognitive Lerninhalte*, also *Wissen* bzw. *Kenntnisse*. Das hat mancherlei Gründe, auf die hier nicht eingegangen werden soll, die aber auch in der Planungstheorie liegen. Deshalb wird hier erstens empfohlen, ein von den Lerninhalten und Lernenden her erforderliches Gleichgewicht zu schaffen:

- Welche Inhalte, welche Informationen sachlicher Art müssen angeboten werden, damit die am Thema für diese Schüler entschiedenen Lernziele auch tatsächlich vollständig erreicht werden? Um welche *Kenntnisse*, welche *Fertigkeiten*, welche *Einstellungen/Haltungen* geht es dabei?

Wo Themen im Unterricht zu Lernzwecken behandelt werden, da stellt sich zentral die Frage, welche von den thematisch möglichen Sachinformationen gerade hier erworben werden können, besser: erworben werden sollen. Denn es ist nachgerade unmöglich, alle jeweils von einem Thema her möglichen Sachinformationen zu Inhalten des Unterrichts zu machen, um sie dort erwerben zu lassen. Weder haben Menschen die Kapazität zum Erwerb und zur Speicherung aller nur denkbaren Informationen; noch steht soviel Zeit in Schule und Unterricht zur Verfügung, alle erwerben zu lassen; noch - und dies zählt pädagogisch-didaktisch besonders! - ist es wünschenswert, sie alle erwerben zu lassen.

Die Auswahl der im Unterricht anzubietenden Informationen unterliegt grundsätzlich pädagogischen Gesichtspunkten. Unterricht ist kein Fachstudium, in dem der vorhandene Informationsvorrat einer Disziplin weitergereicht wird, sondern eine Einrichtung zur Förderung von Erziehung und Bildung Heranwachsender. Dementsprechend sind Inhalte danach auszuwählen, ob und wie sie eben dazu beitragen können. Dass dabei nicht gegen fachlich-sachliche Solidität und Dignität verstoßen werden darf, versteht sich wohl von selbst (vgl. das weiter vorne angeführte Gegen-Beispiel des Unterrichts über Ägypten).

Im WPM steht anstelle der üblichen Kategorien die der Handlungsfähigkeit, sodass danach zu fragen ist, ob an einem Thema erwerbbare Informationen und wenn ja welche von diesen für unbedingt notwendig gehalten werden, um die Sachkomponente der persönlichen Handlungsfähigkeit von Schülern - und zwar gerade der hier im Unterricht lernenden Schüler - zu fördern.

Das ist eine auf Lehrer zukommende, eminent bedeutsame pädagogische Entscheidungsfrage:

- Was von den hier erwerbbaren Informationen brauchen meine Schüler, was müssen sie unbedingt erlernen, um gegenwärtig, um künftig in ihrem Leben handlungsfähig zu sein? Was lässt sich gerade an diesem Thema sinnvoll und vertretbar erlernen? Wo werden sie aller Voraussicht nach diese Informationen sinnvoll anwenden können?

Falsch wäre es, solche Fragen immer rigoros zu beantworten und nur zuzulassen, was sich nach Lehrermeinung unmittelbar auf die Förderung der Handlungsfähigkeit auswirkt. Menschen benötigen nun einmal auch sehr viele Informationen, die für sich genommen oftmals nur geringe Bedeutung zu haben scheinen, aber im Zusammenhang großen Wert für die Handlungsfähigkeit gewinnen. Man spricht hier von *instrumentellen Informationen*, von solchen, die in zusammenhängenden Handlungssituationen unbedingt erforderlich werden.

So gewinnt etwa die mathematische Fähigkeit, mit 3 malnehmen zu können, erst in entsprechenden Handlungssituationen Wert.

Der Marktschreier: »*Meine verehrten Damen und Herren! Kaufen Sie meinen grünen Salat! Heute besonders günstig! 1 Kopf dreißig Cents! 3 nur ein Euro!*«

Wehe dem, der hier nicht nachdenken will und nicht nachrechnen kann!

Ebenso falsch wäre es, solche Frage nur in utilitaristischer Weise zu stellen. Menschen sind schließlich keine Maschinen, die auf irgendwelche Funktionen vorzubereiten sind. Wie es schon bei HEIMANN in seiner lerntheoretischen Didaktik heißt: Unterricht bereitet nicht nur auf pragmatische *Daseins-Bewältigung* vor, sondern auch auf emotionale *Daseins-Erfüllung*; und schon eine aufklärende *Daseins-Erhellung* ist wünschenswert, weil menschlich![24] Unterricht hat Menschen auf ihr Leben, auf ein menschliches Leben vorzubereiten.

Gleich hier noch ein Hinweis: Der Erwerb von Sachinformationen begründet die Sachkompetenz als eine von vier integrierenden Komponenten der ganzheitlich aufgefassten Handlungsfähigkeit. Doch reicht allein deren Besitz nicht dafür aus, mithin löst die Auswahl von Inhalten nicht das gesamte Problem: Ebenso wichtig wie Art und Vollständigkeit der Inhalte ist der Umgang mit ihnen - und dieser kann nur über das Arrangement von Unterricht gefördert werden.

Sozialkompetenz

Als Sozialkompetenz wird die umfassende Fähigkeit bezeichnet, soziale Handlungen selbstständig vollziehen zu können. Dazu gehören sowohl Handlungen, in die andere miteinbezogen sind, die sich auf andere beziehen, als auch - nach dialektischem Verständnis - solche, die man allein vollzieht. Voraussetzung dafür ist, dass man über alle nötigen Informationen verfügt, über Sozialinformationen kognitiver (Kenntnisse), psycho-motorischer (Fertigkeiten) und affektiver Art (Einstellungen/Haltungen) und zu gegebener Zeit auch Gebrauch von ihnen machen kann. Diese müssen ebenfalls zu Inhalten von Unterricht und dort erwerbbar werden.

Doch welche Inhalte solcher Art lässt ein Thema zu? Zunächst sei auch hierfür festgestellt: Es geht immer um Informationen aller drei in der Lernpsychologie unterschiedenen Arten: Für soziales Handeln sind *Kenntnisse* und *Fertigkeiten* und *Einstellungen/Haltungen* notwendig. Beispielsweise muss je-

[24] Vgl. dazu HEIMANN, PAUL, Didaktik als Theorie und Lehre, in: Die Deutsche Schule, 54. Jg. 1962, bes. S. 417.

mand *wissen*, was Ehrlichkeit bedeutet, aber auch ehrlich sein *wollen*, und im Einzelfall verlangt Ehrlichkeit auch besondere *Fertigkeiten* - wenn jemand entsprechend in der Gesellschaft handeln will. Manche Themen beinhalten von sich aus schon Sozialinformationen, wie z. B. in *Religion* das Thema vom *barmherzigen Samariter*. Bei seiner Behandlung wird sicher nicht nur die Geschichte aufgegriffen, sondern es werden fast zwangsläufig Vergleiche mit dem eigenen Verhalten erörtert. Deshalb wird empfohlen, zunächst die Frage zu stellen:

- Weist das Thema von sich aus neben Sachinformationen auch Sozialinformationen auf, die Schüler daran erwerben können?

Zwar weisen mehr Themen als üblicherweise angenommen auch derartige Informationen auf. Die Regel wird aber wohl sein, dass zu fragen ist, ob - ohne dass dadurch das Thema verfälscht oder verbogen wird - nicht Inhalte zusätzlich angelagert werden können, die zur Förderung der sozialen Kompetenz der Schüler beitragen können. Deshalb gilt es zu fragen:

- Lassen sich an das Thema für die Schüler wichtige Sozialinformationen andocken?

Wer diese Frage regelmäßig zu beantworten sucht, wird sicher bald feststellen, dass solche Andockung nicht durch bloße Hinzufügung geschehen kann. Der Königsweg führt über das Arrangement: Indem Lehrer den Schülern eine bestimmte soziale Form der Konfrontation mit dem Thema ermöglichen oder auch abverlangen, schaffen sie zusätzlich zu erwerbbaren Sachinformationen solche sozialer Art.

> Wo einzelne Schüler den Auftrag erhalten, das *Scharbockskraut* im Schatten der Sträucher zu untersuchen, wird die Fähigkeit zu konzentrierter Alleinarbeit (eine in meinen Augen übrigens sehr wichtige Qualifikation heute) sicher gefördert. Wenn aber die Fähigkeit zu Kooperation und Teamarbeit gefördert werden soll, müsste diese Aufgabe wohl in Partner- oder Gruppenarbeit gelöst werden.

Mit anderen Worten: Lehrer müssen durch entsprechende Planung, die über die Inhaltsdimension hinausweist, soziale Inhalte allererst schaffen und erfahrbar machen.

Methodenkompetenz

Methodenkompetenz bezeichnet die Fähigkeit, sich diejenigen Informationen, die man braucht, aber über die man noch nicht verfügt, eigenständig beschaffen zu können. Solche Kompetenz setzt voraus, dass man über das erforderliche Wissen im weiteren Sinne verfügt, also ein Wissen, mit dem man Wissen schaffen kann. Und auch hier heißt das, maßgebliche Kenntnisse, Fertigkeiten und Einstellungen/Haltungen zu haben und von diesen selbstständig Gebrauch machen zu können.

Hier wird auf den ersten Blick ersichtlich, dass die Unterrichtsinhalte von ganz anderer Art sind als die üblichen Sachinhalte. Wo Methodenkompetenz zum Inhalt von Unterricht wird, da bietet sie sich nur als Anlagerung an Sachinhalte an, und zwar als Art des lernenden Umgangs mit diesen. Das bedeutet aber auch, dass Lehrer solche Inhalte immer erst auflagern müssen. Zwar gibt es Themen, die solche Auflagerung leichter zulassen, oft sogar geradezu anbieten, doch bei der Mehrzahl aller möglichen Themen werden Lehrer sich ausdrücklich Gedanken darüber zu machen haben. Sie dürfen dabei nicht nur nach der erfolgversprechendsten Art des Erlernens bestimmter Sachinhalte suchen, sondern müssen darüber hinaus nach jener Lernart suchen, die zugleich auch die grundsätzliche Lernfähigkeit fördern kann. Denn methodisch kompetent zu sein, kann auch begriffen werden als die Fähigkeit zu eigenständigem Lernen. Und – einfach ausgedrückt – die Fähigkeit zu eigenständigem Lernen lernt man nur durch eigenständiges Lernen. Deshalb die Frage:

- Wie können Schüler lernen, was an diesem Thema erlernt werden soll, und zugleich in ihrer Lernfähigkeit gefördert werden?

Es können und sollten spezifische *Kenntnisse über Lernen* und *Fertigkeiten des Lernens* in den Unterricht mitaufgenommen und *positive Einstellungen/Haltungen zum eigenen Lernen* gezielt angegangen werden. Warum sollen Schüler nicht *wissen*, dass eine geordnet verteilte Wiederholung die Reproduzierbarkeit des Erlernten fördert? Und Schüler sollten mit Quellen und Geräten zu selbstständiger Informationsbeschaffung umgehen *können*, mit z. B. Nachschlagewerken, Bibliotheken, Online-Recherchen. Und warum sollten sie nicht – auch wenn dies nach Lehrerauffassung offensichtlich ihrer Art zuwiderläuft – *einsehen*, dass und wozu Schullernen für sie wichtig ist?

Wo Schülern immer wieder – in gut gemeinter Lehrerabsicht und mit großen Erfolgsaussichten – die Informationen strukturiert und umfassend angeboten werden und sie diese nur noch konzentriert aufnehmen müssen, da wird zweifellos gelernt, was gelernt werden muss. Wo aber Schüler angeleitet werden, sich die Informationen selbstständig zu beschaffen – in durchaus vom Lehrer vorstrukturierten Lernumgebungen –, da bietet sich die Chance, über das sachlich-inhaltliche Lernen hinaus zugleich das Lernen lernen zu lassen.

> Der Lehrer führt – anhand von Originalpflanzen, Overhead-Folien und Wandtafel – Schülern vor Augen, dass alle Frühblüher u. a. über besondere Speicherorgane verfügen, die ihnen die nötige Energie für eine Blüte ohne viel Sonne ermöglichen, das Scharbockskraut mit Knollen, die Tulpe mit Zwiebeln usw. Die Schüler lernen die Zusammenhänge und können ihr Wissen darüber auch sauber reproduzieren.

Der Lehrer leitet Schüler durch mündliche Anweisungen und Karteikarten dazu an, Scharbockskraut, Tulpen usw. vor Ort zu untersuchen und der Frage nachzugehen, warum diese frühzeitig und ohne viel Sonne blühen können. Im Klassenzimmer liegen botanische Werke, Bilder der Pflanzen aus usw. Die Schüler lernen zusätzlich, sich die erforderlichen Informationen weitgehend selbstständig zu beschaffen.

Noch einmal hier angeführt: Die Methodenkompetenz gehört zu den gegenwärtig besonders bedeutsamen Qualifikationen, die jeder Mensch haben sollte, um nicht vom überbordenden Informationsfluss abgeschnitten zu sein. Wer nicht eigenständig Anschluss an die Wissenskumulation halten kann, wird in kürzester Zeit vom aktuellen Wissensstand abgekoppelt.[25]

Moralkompetenz

Als Moralkompetenz wird die Fähigkeit zu eigenständigen moralischen Urteilen und zu selbstverantwortetem moralischen Handeln bezeichnet. Voraussetzung dafür ist, über die maßgeblichen Kenntnisse, Fertigkeiten und Einstellungen/Haltungen verfügen zu können, d. h. sie zu besitzen und Gebrauch von ihnen machen zu können.

Es gibt durchaus zahlreiche Themen, die nicht nur die üblicherweise als Sachinformationen aufgefassten, sondern auch moralische Inhalte aufweisen. So bietet das Thema *Dosenpfand* auf der einen Seite neutrale Sachinhalte an, wie Daten über *Recycling-Vorgänge, Energie-Aufwand, Grundstoff-Verbrauch* u. a., auf der anderen aber zugleich auch wertbehaftete, wie *Verantwortung gegenüber der Nachwelt, Umweltschonung* u. a. Allerdings enthalten die meisten der üblichen Unterrichtsthemen keine moralischen Implikationen, die Lehrer bei der Behandlung nutzen und womit sie Schüler bewusst konfrontieren könnten. Dabei wäre es – folgt man der Theorie der moralischen Entwicklung nach LAWRENCE KOHLBERG – geradezu ideal, wenn Themen von sich aus die Lernenden auch in *moralische Dilemmata* führen würden. Denn nach KOHLBERGS Auffassung wächst menschliche moralische Urteilsfähigkeit u. a. durch individuelle intellektuelle Auseinandersetzung mit Dilemmata, d. h. mit problemhaltigen Situationen, die durchaus mehr als nur einen moralisch verantwortbaren Handlungsweg zulassen. Der Zwang zu individuellen Entscheidungen, der rationale Begründungen voraussetzt, trägt Menschen die bei KOHLBERG gezeichneten Entwicklungsstufen moralischer Urteilsfähigkeit hinauf.[26]

Wo die Inhaltsauswahl anhand des hier vorgeschlagenen Modells ganzheitlich-integrativer Handlungsfähigkeit erfolgt, da geraten moralische Implikationen von Unterrichtsthemen in das didaktische Bewusstsein von Lehrern

---

[25] Vgl. dazu die gut aufbereiteten und umsetzbaren Vorschläge von CHOTT, PETER O., Lernen lernen – Lernen lehren, Weiden 2001.

[26] Vgl. KOHLBERG, LAWRENCE, Zur kognitiven Entwicklung des Kindes, Frankfurt a. M. 1974. Auch: LIND, GEORG, Moral ist lehrbar, München 2003.

und werden somit auch eher in den intentionalen Lernprozess von Schülern eingeschleust.

Lehrer müssen sich daran gewöhnen, immer auch zu fragen:

- Enthält das Thema moralische Elemente, die bei seiner unterrichtlichen Behandlung aufgegriffen werden können und sollten?

Häufiger aber wird eine zusätzliche Überlegung von Lehrern erforderlich:

- Lassen sich in die Behandlung eines Themas moralische Teil-Aufgaben einbauen?

Das sollte im Grunde genommen eine Frage sein, die Lehrer bei allen Themen-Planungen stellen. Das Modell jedenfalls lenkt ihren Blick immer wieder aufs Neue auf diese Frage. Wo Themen selbst keine moralischen Implikationen haben, da kommt eine Förderung der Moralkompetenz von Lernenden nur über die Art und Weise der Auseinandersetzung mit dem Thema zustande. Da muss die moralische Aufgabe in das Arrangement eingelagert werden, in die je besondere Aufgabenstellung zur Themenbewältigung, in die Aktivitäten der Lernenden dabei und vor allem Inter-Aktivitäten, d.h. die Art der Zusammenarbeit von Schülern u. Ä.

Vor einer Gefahr muss ausdrücklich gewarnt werden: Moralkompetenz hat zwar vorwiegend etwas mit affektivem Lernen zu tun, aber dies zielt weder auf Emotionen, noch lässt es sich durch Emotionen verwirklichen. Die Förderung der Moralkompetenz im Unterricht - nach der hier vertretenen Auffassung - erfolgt ausschließlich durch geregeltes Lernen, durch Erwerb von maßgeblichen, d.h. für moralisches Verhalten relevanten, Informationen. Lehrern stellt sich mithin hier dieselbe Aufgabe wie bei der Auswahl von Informationen zur Förderung der Sachkompetenz, nämlich danach zu fragen, welche Kenntnisse, Fertigkeiten und Einstellungen/Haltungen gerade an diesem Thema zur moralischen Förderung vermittelbar werden. Dass daneben das moralische Vorbild, die moralisch wirksame Schulumgebung eine Rolle für die Moralerziehung spielen, versteht sich, bleibt hier aber außerhalb der Betrachtungen. Es geht hier um Planung von Unterricht, um von außen ausgelöste Lernprozesse darin, die den integrierenden Teil von Handlungsfähigkeit - die Moralkompetenz - fördern sollen, nicht um die Gestaltung des Schullebens!

5.5 Zum Arrangement: Stichwort »Vollständiges Lernen«

Hier wird Ihnen - neben einem überaus einfachen Artikulationsmodell für Anfänger und die eilige Stundenplanung - ein Modell als Hilfe dafür angeboten, Lernumgebungen im Unterricht so zu arrangieren, dass durch Vor-Organisation ein situativ mögliches selbstgesteuertes Lernen erfolgen kann.

Weiter vorne wurde schon erläutert, warum Methoden, Medien und Sozialformen unter der einen Kategorie *Arrangement* zusammengezogen werden: Wenn Lehrer über Ziele und Inhalte entschieden haben, dann ist noch das *Wie* des Lernens und Lehrens zu klären, geht es noch um die Frage, wie das Lern-Lehr-Geschehen zu arrangieren ist. Die umfassendere Kategorie Arrangement passt auch besser als die drei einzelnen Kategorien zum aktuellen Denken über erfolgversprechendes Lernen, wie es vor allem in der sich als konstruktivistisch bezeichnenden Lernpsychologie vorherrscht. Dort wird nämlich die Bedeutung von ganzen Lern*umgebungen* für erfolgreiches Lernen betont; und die Gestaltung von Lernumgebungen umfasst mehr als bloß die Unterrichtsmethode, verlangt die Einbeziehung von Methoden, Medien und Sozialformen in die Planungsentscheidungen, eben das gesamte Arrangement.

Der didaktischen Problematik des Arrangements nähert man sich am besten, wenn man der Prozesshaftigkeit von Lernen und Lehren folgt. Lernen und Lehren - streng aufeinander bezogen - stellen einen Prozess dar, der unterschiedliche Zeiträume umgreifen kann, von Sekundenbruchteilen bis hin zu vielen Lebensjahren. Als Maß für die alltägliche Unterrichtsplanung wird zumeist ohne weitere Überlegungen die übliche schulische Zeiteinheit genommen, die Unterrichtsstunde. Wenn man sich immer wieder vor Augen hält, dass in einer Unterrichtsstunde zahlreiche einzelne Lernprozesse stattfinden können, aber ebenso die einzelne Unterrichtsstunde möglicherweise nur eine Teilsequenz eines umfassenderen Lernvorgangs darstellen kann, dann spricht nichts dagegen, die »Stunde« - in der Regel ja fünfundvierzig Minuten - zum Zeitmaß der Planung zu machen, um durch geordnetes Lehren geordnetes und erfolgversprechendes Lernen abzusichern.

Den zeitlichen Verlauf gilt es bei der Planung zu berücksichtigen, Lernprozesse so gut wie möglich darauf abzustimmen. Im Laufe der Zeit sind dafür zahlreiche Modelle entwickelt worden, durch die eine erfolgversprechende Artikulation des Unterrichts erreicht werden soll.[27]

Unsere pragmatische Absicht konsequent weiterverfolgend, wird hier zunächst nur ein vereinfachendes Verlaufsmodell (Abb. 6) vorgestellt, mit dem Anfänger diachrone Ordnung (zeitliche Folgeordnung) in die Unterrichtsstunde bringen oder auch Routiniers unter Zeitdruck stehende Planungen geordnet vollziehen können.

In dieses einfache Drei-Kategorien-Prozess-Modell lassen sich ohne weiteres didaktische Vorstellungen und Vorschläge aller Art einarbeiten, ob es sich dabei um methodische Einzelkonzepte handelt, wie z. B. *Frontalunterricht, Gruppenarbeit*, um Unterrichtsprinzipien, wie z. B. *Anschauungsprinzip, Aktivitätsprinzip*, und auch Medien und Sozialformen jeder Art. Das Verlaufsmodell bildet dafür dann gleichsam nur eine Art Leitergerüst, wobei zwischen und an die Sprossen geeignete didaktische Versatzstücke angebracht werden. Auf jeden Fall sichert es geordnetes Lehren und Lernen ab. Dies Artikulationsschema steht zwar durchaus auch für externe Referenzen offen, wird aber in

[27] Vgl. die Darstellung ausgewählterer Artikulationsmodelle bei PETERSSEN, WILHELM H., Handbuch Unterrichtsplanung, a. a. O., S. 394 ff.

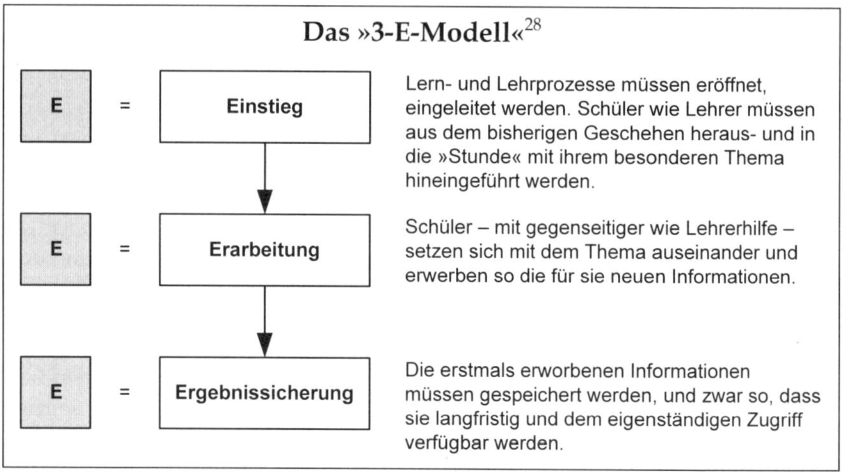

Abb. 6: 3-E-Modell

der Regel von Lehrern nur auf die je interne Referenz, d. h. die jeweils anstehenden Lernziele, abgehoben.

Didaktisches Modell zur Anleitung zu vollständigem Lernen

Wichtiges Merkmal des WPM ist, wie wiederholt angeführt, der Bezug auf eine externe Referenz, d. h. die Absicht, nicht immer nur etwas inhaltlich Begrenztes lernen zu lassen, sondern daran und damit zugleich etwas Allgemeines zu fördern. Dabei wird hier das externe Ziel der *Handlungsfähigkeit* verfolgt; gefördert werden soll - soweit das in den einzelnen Stunden möglich ist - immer auch die Fähigkeit von Schülern, eigenständigen Gebrauch von dem Erlernten machen zu können, um damit ihr Handeln selbstständig gestalten zu können.

Wer lernen soll, selbstständig zu handeln, der kann das nur durch selbstständiges Handeln erlernen. Auf Schüler im Unterricht bezogen: Schüler müssen im Unterricht Gelegenheit zum eigenständigen Handeln erhalten, damit ihre Handlungsfähigkeit sich entwickeln kann. Dies ist der Lern-Aspekt des didaktischen Problems. Hier wird mehr als nur andeutungsweise ersichtlich, dass Handlungsfähigkeit nicht nur bedeutet, bestimmte Inhalte zu erwerben, nämlich jene, durch die die vier Kompetenzbereiche des Fachlichen, Sozialen, Methodischen und Moralischen ausgefüllt werden können. Vielmehr ist neben diesen die Art des Erwerbs ebenso wesentlich für die Förderung der Handlungsfähigkeit. Lernen, das die Fähigkeit zum Handeln fördern soll, muss Handeln gewähren! Dies ist der Lehr-Aspekt des didaktischen Problems: Schü-

[28] Dies Modelldenken wurde m. E. erstmals von Hilbert Meyer vorgeschlagen. Vgl. dazu Meyer, Hilbert, Leitfaden zur Unterrichtsvorbereitung, 13. Aufl., Berlin 1997.

ler müssen im Unterricht handeln können; Lehrer müssen Schülern Gelegenheiten zum Handeln schaffen.

Was hier Handeln heißt, wurde weiter vorne ausführlicher dargestellt. Nach HACKER besteht eine vollständige Handlung immer aus den drei Phasen *Planung, Ausführung* und *Kontrolle*. Schüler sollten demnach möglichst oft alle drei Phasen - nicht nur einzelne, wie das im Unterricht üblich ist, wenn Lehrer Aufgaben stellen, Schüler sie nur noch zu lösen brauchen und Lehrer sie dann wiederum kontrollieren - durchlaufen. Wenn Fähigkeit zum selbstständigen Handeln gemeint ist, müssen Schüler diese drei Phasen konsequenterweise auch so oft wie möglich selbstständig durchlaufen können. Wo die Fähigkeit zu gezielt-planvollem Handeln sich entwickeln soll, da muss oft Gelegenheit zu eben solchem Handeln gegeben sein.

Lehrer haben hierbei Schülern die Gelegenheit zu entsprechendem Handeln zu gewähren. Lehrer brauchen demnach nicht nur ein *Modell vollständigen Handelns*, wie das von HACKER, sondern ein didaktisches Modell, mit dem sie zu solchem Handeln anleiten können. Nötig ist ein Modell, das ihnen hilft, durch entsprechendes Arrangement selbstständiges Lernen abzusichern. Hierfür ist hier von einem *Modell vollständigen Lernens* die Rede. Die Formel vom vollständigen Lernen wurde meines Erachtens erstmals in der Empfehlungsschrift *Zukunft der Bildung - Schule der Zukunft* verwendet.[29] Dort wurde verlangt, dass eine neue Lernkultur in unseren Schulen geschaffen werden müsste, eine Kultur eigenständigen Lernens, durch das die personale Autonomie von Schülern gefördert werden soll. Für unbedingt notwendig gehalten wird dafür, dass Schüler nicht immer nur einzelne und kurze Bruchstücke ihres eigenen Lernprozesses selbstständig erledigen - weil durchgängige und einengende Lehrvorgaben nicht mehr zulassen -, sondern dass sie möglichst oft möglichst alle Phasen, den vollständigen Lernprozess, eigenständig bewältigen.

So soll auch hier von *vollständigem Lernen* gesprochen werden - ein Lernen, das die Schüler, soweit es die Situation zulässt, in möglichst allen Phasen selbstständig durchlaufen. Das didaktische Modell vollständigen Lernens soll Lehrern vor Augen führen, wie sie ein derartiges Lernen arrangieren können. Statt aber auf psychologische Lernmodelle zurückzugreifen, wird hier auf das Handlungsmodell von HACKER zurückgegriffen: Das *Modell vollständigen Lernens* soll Lehrern zeigen, wie sie Schüler dazu anleiten können, die drei Handlungsphasen beim Lernen selbstständig zu durchlaufen. Dabei wird angenommen, dass es im Grunde genommen im Unterricht immer um Aufgaben geht, dass Lehrer Aufgaben stellen, um Schüler zum Lernen anzuregen, und dass Schüler handelnd Aufgaben lösen, um daran zu lernen. Die didaktische Empfehlung besteht darin, solche Aufgaben zu stellen und sie so zu stellen, dass Schüler diese im günstigsten Falle selbstständig lösen können. Ihr Lern-Handeln besteht - grob ausgedrückt - darin, nachdem sie Aufgaben als solche erkannt und angenommen haben,

---

[29] Vgl. dazu Bildungskommission Nordrhein-Westaflen (Hrsg.), Zukunft der Bildung - Schule der Zukunft, Neuwied/Kriftel/Berlin 1995, bes. S. 83. Vgl. auch PETERSSEN, WILHELM H., Kleines Methoden-Lexikon, 2., akt. Aufl., München 2001, bes. S. 8 u. ff.

- Lösungen der Aufgaben zu *planen,*
- geplante Lösungen *auszuführen,*
- Ausführungen zu *kontrollieren.*

Um sie hierzu anzuleiten, bedarf es eines vor-organisierenden Arrangements, durch das sie an die Aufgabe herangeführt und durch diese hindurchgeführt werden. Dafür hat sich folgendes 6+1-Phasen-Modell als brauchbar erwiesen.[30]

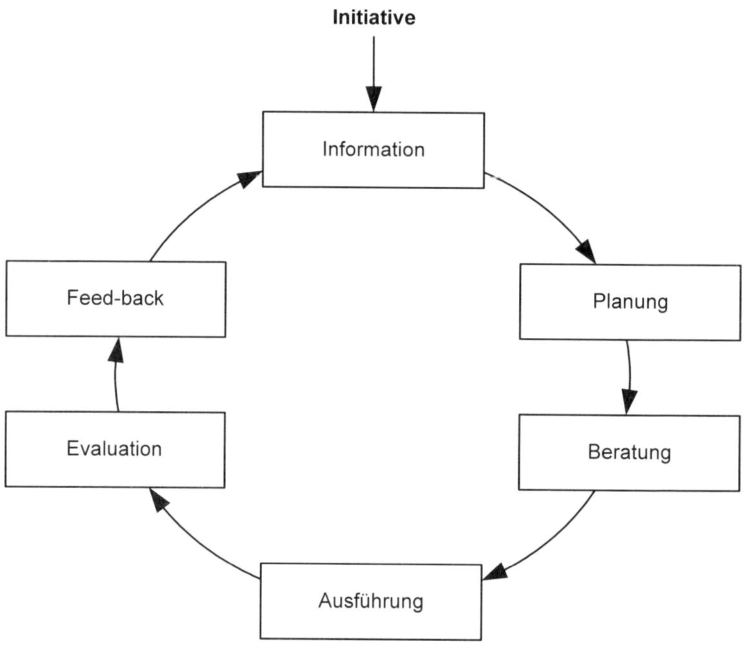

Abb. 7: Modell zur Anleitung zu vollständigem Lernen

Legende zum Modell

Initiativphase

Alles Lernen muss angestoßen werden. Ob von außen oder innen, ist zunächst einmal unerheblich; auch Lehrerinitiativen sind durchaus sinnvoll, oft sogar unerlässlich. Realistisch muss davon ausgegangen werden, dass in der Regel die Initiativen vom Lehrer ausgehen.

[30] Abgeleitet wurde es aus dem LEITTEXT-LERNEN in der beruflichen Erstausbildung, das selbst auch aus dem Denken HACKERS heraus entwickelt wurde. Vgl. dazu PETERSSEN, WILHELM H., Kleines Methoden-Lexikon, 2., Aufl., München, S. 170 ff.

Bedenken sollte man aber, dass, wo die Handlungsfähigkeit ganzheitlich – in all ihren vier Komponenten – gefördert werden soll, vonseiten der Lernenden eingebrachte Initiativen wirkungsvoller sind. Sie entspringen ihren Bedürfnissen, ihren Befindlichkeiten, statt bloß übergestülpt und aufoktroyiert zu sein. Zusätzlich zum *Kopf* werden möglicherweise *Herz* und *Hand* (PESTALOZZI) angesprochen; verbinden sich kognitives und emotionales Lernen.

Informationsphase

Das Lernproblem, die Aufgabe, muss von den Lernenden genau erkannt werden: Worum geht es? Was soll gelernt werden? Wo hat es seinen Platz? Worin besteht die Aufgabe? Usw.

Man kann Informationen solcher Art zwar genau vorgeben, aber die Fähigkeit zu eigener Informationsbeschaffung wird durch Eigeninformation eher gefördert, mithin die Methodenkompetenz, etwa im Umgang mit Nachschlagewerken, Quellen aller Art etc.

Planungsphase

Ein Lösungsvorschlag für das Lernproblem, für die Lernaufgabe muss erstellt werden: Wo liegt das Problem? Wie sieht es aus? Wie will man es angehen? Welche Schrittfolge soll eingehalten werden? Welche Mittel will man einsetzen? Mit wem und auf welche Weise der Zusammenarbeit will man die Lösung vornehmen? Usw.

Die Planungsfähigkeit als so genannte *intellektuelle Regulationsfähigkeit eigenen Handelns* wird so gefördert: Bevor man handelt, entwickelt man zunächst ein gedankliches Handlungsschema, nimmt die Handlung in Gedanken vorweg. Eine ganz wichtige Qualifikation für Handlungsfähigkeit. Doch neben dieser mehr formalen Fähigkeit wird bei entsprechenden Ansprüchen durch die jeweiligen Aufgaben auch die moralische Reflexions- und Entscheidungsfähigkeit gefordert und so gefördert, wenn Lösungen auf ihre Verantwortbarkeit hin durchdacht werden, bevor sie technologisch vollzogen werden.

Ausführungsphase

Der Plan wird umgesetzt. Die hier anstehende inhaltliche Aufgabe sowie die konkreten Aktivitäten (welcher Art? in welcher Sozialform? in welcher Folge?) sind entscheidend dafür, welche Komponenten der Handlungsfähigkeit besonders gefördert werden.

Wichtig ist hier, dass die Erledigung selbstständig erfolgt, dass Lehrende bloß zur Seite stehen, auf Abruf zur Unterstützung bereit. Dass sie beobachten, um späterhin pädagogische Rückmeldungen (Feed-back) geben zu können.

Evaluationsphase

Soll und *Ist* der Problemlösung, Aufgabe und Ergebnis sind zu vergleichen. Die Art des Messens, ob beispielsweise mit den Sinnen oder Geräten o. Ä., ist bereits in der Planungsphase mit zu entscheiden.

Neben der Fach-/Sachkompetenz kann hier wieder die Methodenkompetenz gefördert werden.

Dies sind die ***Lern***-Phasen! Sie durchlaufen zu lassen und den Lernenden den Durchgang selbstständig zu ermöglichen, sodass ein *selbstständiges vollständiges Lernen* gewährleistet wird, das ist die Funktion des Unterrichtsarrangements. Arrangements für *selbstständiges vollständiges Lernen* müssen so beschaffen sein, dass sie eben dies so gut wie möglich auslösen und absichern. Mit dem Arrangement rückt neben das *Lernen* auch das *Lehren* in unseren Blick. Arrangement meint immer Lernen und Lehren, sodass entsprechend auch Aktivitäten von Lehrenden geplant werden müssen - wobei man diese dialektisch durchaus auch als Unterlassung, gewollte Inaktivität o. Ä. verstehen kann. Das Phasenmodell muss also noch ergänzt werden, um den Anteil der impliziten Lehraktivitäten zu verdeutlichen. Zwei solcher vorwiegend didaktisch notwendigen Phasen sind zu nennen.

Beratungsphase

Da es sich in Schule und Unterricht um Lernende handelt, die zum einen die Handlungskompetenz erst aufbauen und dafür nötige Informationen erwerben sollen, die zum anderen nicht für ihr Lernen verantwortlich sind, kann man sie nicht ohne weiteres aus der Planungsphase in die Ausführungsphase übertreten lassen. Das Risiko, dass etwas falsch geplant war und unerwünschte Folgen zeitigt, ist unter Umständen groß. Daher müssen die pädagogisch verantwortlichen Lehrenden zwischen die *Planungs-* und die *Ausführungphase* eine *Beratungsphase* einschieben. Darin sollten zwar vordringlich die Lernenden mit ihren Vorstellungen und Absichten zu Wort kommen, aber Lehrende haben den Plan zur Umsetzung freizugeben. Wie streng das genommen wird, ob beispielsweise das Wagnis des Scheiterns bewusst zugestanden wird, das kann nur der Lehrer vor Ort - vor seinen Schülern, deren Aufgabe usw. - entscheiden.

Feed-back-Phase

Als didaktisch notwendige Phase soll hier von Lehrenden Rückmeldung über die Art und Weise des Lernverhaltens - während des beobachteten Lernprozesses - gegeben werden, um dieses zu bestärken oder zu vermeiden. Nicht penetrante Beurteilung von Schülerleistungen in üblicher Manier ist hier gemeint, sondern der behutsame und eher beratende Umgang mit Lernenden, die zu eigenständigen Einsichten über sich und ihre Lernfähigkeit kommen sollen. Die Feed-back-Phase bildet den Abschluss und ist an die Evaluationsphase anzufügen.

Um nicht falsch verstanden zu werden: Selbstgesteuertes Lernen bedeutet im Grunde genommen nie völlig eigenständige Gestaltung der maßgeblichen Vorgänge! Stets ist Lernen - soweit es sich nicht um *funktionale* Prozesse handelt - an ausdrücklich dafür gestaltete Rahmenbedingungen und Vorgaben gebunden, die vonseiten der Lehrenden - und der Institutionen usw. - gesetzt werden. Untersuchungen über selbstgesteuertes Lernen durch die sich selbst als *konstruktivistisch* bezeichnende Lernpsychologie haben ergeben, dass alle Selbststeuerung immer der Lenkung bedarf, wenn erfolgreich gelernt werden soll, d. h. wenn Lernen *produktiv* sein und nicht bloß *träge* bleiben soll, wenn Lernende vom Ergebnis eigenständigen Gebrauch machen können sollen. Selbstgesteuertes Lernen ist nicht selbstorganisiert! Selbstgesteuertes Lernen vollzieht sich am ehesten in vorbereiteten *Lernumgebungen*, die den hier aufgeführten Forderungen entsprechen.

Hinzugefügt: Kurze Antworten auf häufig gestellte Fragen

- Muss die Initiative immer von Schülern ausgehen?

  Nein! Wie schon gesagt, ist ein solcher Purismus der Eigenständigkeit, wie er oftmals bei projektorientiertem Lernen u. Ä. beobachtet werden kann, nicht erforderlich - und meines Erachtens in der alltäglichen Schulpraxis auch gar nicht möglich. Initiativen können auch vonseiten der Lehrer gestartet werden, müssen es - wenn man über die täglichen Systemzwänge von Schule und Unterricht hinaus auch an die Motivationsmängel bei Schülern denkt - sogar unbedingt sein. Der Auftrag an Schule und Unterricht, vorhandenes Wissen systematisch an Heranwachsende weiterzugeben, impliziert die Notwendigkeit, Initiativen von außen zu setzen.

- Müssen Schüler immer alle Phasen selbstständig bewältigen?

  Nein! In Schule und Unterricht wird sich nur gelegentlich eine Situation anbieten, in der Schüler alle Phasen eigenständig, von A bis Z selbstständig durchlaufen können. Vom Modell her ist das auch nicht verlangt. Man sollte es als ein *regulatives Modell* begreifen. Von Lehrern für ihr didaktisches Denken internalisiert, sollte es sie sensibel dafür machen, entsprechende Situationen und Gelegenheiten rechtzeitig zu erkennen, auszunutzen oder erst noch durch Eingriffe voll aufzubereiten.

- Müssen Schüler überhaupt immer alle Phasen durchlaufen?

  Nein! Das Modell der Anleitung zu vollständigem Lernen verweist auch hier auf die ideale Gestaltung, lässt aber durchaus auch Unvollständigkeiten zu. Schule und Unterricht - gedrängt voll mit Fächern und Inhalten, aufgesplittet in Tage und Stunden, eingefasst von Verordnungen und Vorschriften - zwingt geradezu dazu, Unvollständigkeiten zuzulassen. Aber: Das Modell richtet sich gegen Resignation, gegen unüberlegte Gewöhnung an derartige Zwänge, ermuntert zu Gegenbewegungen, zu pädagogischem Ungehorsam.

▶ Müssen sich Lehrer nicht sehr ändern?

Ja! Wenn mit diesem Modell gearbeitet wird, müssen Lehrer ihr Selbst- und Rollenverständnis ändern. Um in bekannten Schlagworten zu sprechen: Nicht mehr der Instrukteur, sondern der Berater von Lernenden, der Moderator von Lernprozessen ist gefragt. An die Stelle des ewigen Besserwissers tritt der Mehrwisser. Das konstruktivistische Postulat, auf Lehren völlig zugunsten bloßer Anregung (Perturbation) zu verzichten, bleibt allerdings wohl noch lange Zeit eine bloße Traumvorstellung.

▶ Verschieben sich die didaktischen Tätigkeiten von Lehrern?

Ja! Noch größere Bedeutung als sowieso schon erhalten Planung und Vorbereitung von Unterricht. Nur ein vorweg gut durchdachter und auf rational begründeten Entscheidungen beruhender Unterricht kann zu vollständigem Lernen führen. Das kostet Zeit, und mehr Zeit wird auch die Vorbereitung kosten: Denn die Planung wird wesentlich mehr an Mitteln und Gestaltungsnotwendigkeiten für den Unterricht vorsehen als bisher üblich; und diese müssen schließlich auch hergestellt oder beschafft werden.

▶ Ist eigenständige Planung tatsächlich so bedeutsam?

Ja! Das hier verfolgte Ziel persönlicher Handlungsfähigkeit steht und fällt mit der Fähigkeit des Einzelnen, sein Handeln, sein Verhalten in Gedanken vorwegnehmen und vorweg gedanklich regulieren zu können. Durch eigene Planung kann sich die Fähigkeit - und parallel dazu die Bereitschaft - entwickeln, zunächst in Gedanken Handlungsschemata zu erstellen, bevor real gehandelt wird. Ich halte die Planungsfähigkeit für die Kernfähigkeit handlungsfähiger Menschen, allerdings muss sie dann auch in allen vier Komponenten hinlänglich besetzt sein.

5.6 Zum Entwurf: Stichwort »Offenes Strukturmodell«

Hier wird Ihnen ein Muster für den Unterrichtsentwurf angeboten, das die rationale Kommunikation mit anderen über Ihre Überlegungen und Entscheidungen für den beabsichtigten Unterricht ermöglicht.

Zuvor: Warum eigentlich überhaupt Entwürfe?

Schriftliche Entwürfe von vorgesehenem Unterricht haben zwar keinen unmittelbaren positiven Einfluss auf das Lern- und Lehrgeschehen, gehören deshalb auch nicht zu der als unverzichtbar gewerteten Unterrichtsplanung.[31] Sie gehören aber unverzichtbar in die Ausbildungsphase von Lehrern, wo sie auf die systematisch-strukturierte und systematisch-strukturierende Planungstätigkeit von Lehrern vorbereiten und diese mit entwickeln helfen sollen. Ebenso unverzichtbar gehören sie meines Erachtens dort zum unterrichtlichen Umfeld, wo der Unterricht zum Kriterium gemacht wird, um Lehrer zu beurteilen und daraus wiederum Vorschläge u. Ä. für ihre berufliche Zukunft abzuleiten.

Für die Lehrer selbst und jene, die ihre Entwürfe zu lesen bekommen, ermöglichen diese einen objektiven Vergleich von *Soll* und *Ist* des Unterrichts. Ausreden von Planenden wie auch Unterstellungen durch Beobachter sollten dadurch weitestgehend unmöglich werden, da beide sich auf Wahrnehmbares - den geschriebenen Plan und den vollzogenen Unterricht - beziehen können, wenn über den Unterricht geredet wird. Für sehr bedeutsam halte ich, dass bei der Kommunikation über Unterricht die Gedankengänge des planenden Lehrenden deutlich und eindeutig sichtbar werden - eben durch den Entwurf. Denn Hilfen in der Ausbildung wie Wertungen in der Praxis sollten sich - das ist meine Auffassung - auf die rationale Argumentationsfähigkeit von Lehrenden beziehen, darauf, ob sie in der Lage sind - mit einem Wort Robinsohns - *ihre alltäglichen Probleme rational begründbaren Lösungen näher zu bringen.*

Das soll hier in einem kleinen Exkurs noch schärfer herausgearbeitet werden. Ich gehe davon aus, dass der Lehrer - um es umgangssprachlich auszudrücken - ein *Profi* (Professioneller) des Lehrens und Lernens im Unterricht ist. Was aber bedeutet Professionalität in unserem Zusammenhang? Darauf gibt das Wort Robinsohns eine meines Erachtens gute Antwort: Der Lehrer muss imstande sein, »sein eigenes Tun zu analysieren und dessen Probleme rational begründbaren Lösungen näherzubringen«.[32] *Professionelles Unterrichts-*

---

[31] Wie im alltäglichen Unterricht Planungsentscheidungen u. a. in kurzer und für die Praxis notwendiger Form festgehalten werden können, dazu vgl. die Ausführungen »Der alltägliche Unterrichtsentwurf« in Peterssen, Wilhelm H., Handbuch Unterrichtsplanung, a. a. O., S. 296 ff.

[32] Robinsohn, Saul B., Modell einer Pädagogischen Fakultät, in: DIE ZEIT, Hamburg 1968, Nr. 4 u. 5, hier: Nr. 4, S. 26.

handeln ist rational begründbares Handeln! Das vor allem anderen unterscheidet es von *laienhaftem* und *beliebigem* Handeln. Solches Handeln freizumachen von Beliebigkeit, zu befreien auch von ungewollten Zwängen und Zufällen, es nachvollziehbar und wiederholbar zu gestalten, das macht eine Planungstheorie und ihre Beherrschung notwendig. Allein solche Theorie setzt den Lehrer in die Lage, seine alltäglichen Probleme *rational begründbaren Lösungen näher zu bringen*.

Um leicht möglichen Missverständnissen vorzubeugen, auf die ich bei dieser Argumentation immer wieder stieß, sei kurz auf zweierlei hingewiesen:

- Vom Lehrer rational begründbares Unterrichtshandeln zu erwarten, bedeutet nicht, ausschließlich rationales Handeln zu fordern. Nicht das rationale Handeln, sondern die rationale *Begründbarkeit* des Handelns ist angesprochen. Auch ein emotionales Handeln fällt darunter, sofern es rational begründet werden kann. Nicht also der operative Unterricht, sondern dessen Begründung muss sich bei einem Profi als rational ausweisen.

- Gefordert wird auch nicht die rationale Begründbarkeit von Unterrichtshandeln zu jedem Zeitpunkt und in jeder Hinsicht, sondern lediglich die Fähigkeit, dies annäherungsweise tun zu können und zu wollen. Diese Einschränkung stellt nicht zugleich einen Freibrief dafür aus, Irrationalität doch wieder zuzulassen; sie ist vielmehr eine Folge aus der Einsicht, dass im Unterricht stets auch spontane Akte sich ereignen, die kaum begründbar sind, und simultane Entscheidungen fallen, die erst nachträglich begründet werden können.

Schriftliche Unterrichtsentwürfe halte ich in der Ausbildung für besonders gut geeignet, beim Vergleich von *Soll* – das sie ausdrücken – und *Ist* von Unterricht rational zu argumentieren und so die Begründungsfähigkeit des angehenden Lehrers zu schärfen. Unterrichtsentwürfe halte ich für ein unverzichtbares Moment in der Ausbildung der Planungsfähigkeit von angehenden Lehrern. Beim Routinier lassen sie ebenfalls Einsicht in dessen rationale Argumentations- und Entscheidungsfähigkeit zu, lassen Urteile nicht nur auf kurzzeitigen Eindrücken fußen. Deshalb: Geben Sie sich immer wieder einen Ruck und erstellen Sie ausführliche Entwürfe, wobei vor allem Ihren Überlegungen und Begründungen großer Raum gewährt werden sollte! Das rechte Maß werden Sie mit Sicherheit bald finden.

Der Entwurf

Der Entwurf sollte – der guten Lesbarkeit (die nun einmal Voraussetzung für das Gespräch darüber ist) wegen – großzügig angelegt sein. Daher schlage ich vor, für die folgend aufgeführten Berichtspunkte – mit Buchstaben nummeriert – jeweils immer eine neue Seite zu beginnen.

A DATEN

TERMIN:	Dienstag, 19. Februar 2002	**STUNDE:** 2. u. 3.	
LEHRERIN:	Uta Jansen	**AUSBILDUNGSLEHRERIN:** ...	
SCHULE:	Schule am Wall/Saulgau		
KLASSE:	3 b		
FACH:	Heimat- und Sachunterricht		
THEMA:	Das Scharbockskraut - ein Frühblüher		
LERNZIEL:	Kenntnis der besonderen Ausstattung des Scharbockskrauts, die ihm eine Blüte früh im Jahr ermöglicht		

B VORÜBERLEGUNGEN

1. Zum Thema
2. Zur Situation und zu den Bedingungen
3. Zu den Zielen
4. Zu den Inhalten
5. Zum Arrangement

C GEPLANTER VERLAUF

(Dieser sollte der Übersichtlichkeit halber in Spalten angelegt sein, wobei deren Anzahl nicht festgelegt werden sollte!)

Zeit	Lehr-Lern-Aktivitäten	Mittel	Kommentar
0	Begrüßung u. Lied »Im Frühtau zu Berge ...«		
3	L erläutert, dass man für eine Stunde in den nahe gelegenen Park gehen wird.		
	L verteilt Aufgabenkarten	Karten	
...	...		

D ANLAGEN

(hier z. B. u. a. die vorbereiteten Karten)

____

____

E LITERATUR

____

____

Bei aller Planung sollte niemals vergessen werden, was vorzüglich KARL JASPERS ausdrückte:

»Planen, unaufhörliches Planen ist für uns Menschen notwendig. Nicht gegen das Planen, sondern gegen einen falschen Geist dieses Planens und gegen ein Planen, das das Unfassbare miteinbeziehen will, ist der Schutz notwendig.«

»Wo aber Planen und Wissen, statt Mittel der umgreifenden Führung zu sein, unwillkürlich selber Zweck werden, da verwandelt sich Erziehung in Abrichtung, der Mensch in Funktion ...«

(JASPERS, KARL, Von den Grenzen pädagogischen Planens, in: Basler Schulblatt, 13. Jg. 1952, Nr. 4, S. 73 u. S. 77)

6 Theoretische Implikationen[33]

Dem bisher pragmatisch vorgestellten **W**eingartener **P**lanungs**M**odell liegen selbstverständlich Annahmen zugrunde, durch die es sich in den derzeitigen Entwicklungsstand der allgemeindidaktischen Theoriebildung einordnen lässt. Es ist schließlich aus diesem heraus erstellt worden.

6.1 Das WPM gehört zur lerntheoretischen Didaktik

Das WPM wird ausdrücklich der lerntheoretischen Didaktik zugeordnet, ohne dass es - das sei gleich hier gesagt - gegen andere Ansätze abgeschottet würde. Lerntheoretische Didaktik hat *Lernen* zum *zentralen* und *zentrierenden Begriff*. Lernen steht als Begriff im Zentrum der systematischen Theoriebildung, weil die Hauptaufgabe von Schule und Unterricht darin gesehen wird, Heranwachsenden Lernprozesse zu ermöglichen. Und so wird Lernen auch zum zentrierenden Begriff, weil die didaktische Theorie ihre Aussagen so trifft, dass das Handeln ihrer Abnehmer - der Lehrer - auf Lernen hin zentriert wird, d. h. darauf, Schülern Lernen zu ermöglichen. Und dies Verständnis liegt auch dem WPM zugrunde: Es soll die Planung von Unterricht so strukturieren helfen, dass bestmögliches Lehren ein bestmögliches Lernen absichert.

Unter Lernen soll hier im weitesten Sinne die uneingeschränkte Aufnahme und Speicherung von Informationen begriffen werden. Mit anderen Worten: Jeder Erwerb von Informationen bedeutet Lernen. Eine Wertung spielt dabei noch keine Rolle; ob Informationen erwünscht oder unerwünscht sind, ist hier noch ohne Bedeutung. So handelt es sich um Lernen, wenn jemand die Information erwirbt, *Paris ist die Hauptstadt von Frankreich*, aber auch, wenn Fertigkeiten für den *Taschendiebstahl* erworben werden. Unter Rückgriff auf die Lernpsychologie lassen sich Informationen als solche *kognitiver Art* (*Kenntnisse*), *psycho-motorischer Art* (*Fertigkeiten*) und *affektiver Art* (*Einstellungen/Haltungen*) unterscheiden.

Einen möglichst optimalen Informationserwerb zu gewährleisten, ist Absicht des WPM. Dazu wird unter der jeweiligen Themenstellung gefragt, *wozu* das Thema im Unterricht behandelt werden soll, *was* daran erlernt - an Informationen erworben - werden soll und *wie* dies geschehen soll. Das Modell hilft, die erforderliche innere Stringenz der Unterrichtsplanung herzustellen, indem - unter dem Thema - Ziel-, Inhalts- und Arrangemententscheidungen aufeinander abgestimmt werden. Interne Referenz aller Entscheidungen und aller späteren operativen Maßnahmen ist das - gerechtfertigte und bestimmte - (Lern-) Ziel. Zugrunde liegt die Annahme, dass eine im thematischen Rah-

[33] Besonders auch um Anfängern ihre Planungsaufgabe verständlich zu machen, wird hier gelegentlich wiederholt, was an anderer Stelle schon angedeutet oder ausführlicher behandelt worden ist.

men erfolgende zweckrationale Planung am ehesten einen situativ angepassten und erfolgversprechenden Unterricht absichern kann.[34]

Doch bleiben die vom WPM verlangten Überlegungen von Lehrern nicht auf diese interne Referenz beschränkt. Vielmehr verweist es ausdrücklich darauf, dass daneben immer auch eine externe Referenz ins Auge zu fassen ist, um zu gewährleisten, dass Unterricht nicht bloß an nach Fachsystematiken ausgewählten Inhalten kleben bleibt. Lehren im Unterricht muss so angelegt sein, dass es Schülern ein Lernen ermöglicht, das über die bloße Informationsaufnahme hinausführt und zu ihrer personal-existenziellen Förderung beiträgt. Lerntheoretisches Denken darf nicht bei unmittelbaren - durch interne Referenzen bestimmten - Lernzielen stehenbleiben, sondern muss übergeordnete Zielsetzungen mitansteuern helfen.

6.2 Das WPM favorisiert handlungsorientiertes Lernen

Über den bloßen Erwerb von Informationen - optimales Lernen - hinaus orientiert das WPM alle Planung zusätzlich an einer *externen Referenz*: Es verfolgt den Zweck, nicht nur immer *etwas lernen* zu lassen, sondern *solches erlernen* und *es so erlernen* zu lassen, dass dadurch ein allem Unterricht übergeordnetes Ziel gefördert wird. Dies übergeordnete Ziel wird hier als *Handlungsfähigkeit* bezeichnet, die als Fähigkeit von Menschen begriffen wird, weitgehend eigenständig mit allen Situationen fertig zu werden, in die ihr Leben sie hineinführt.[35]

Nicht jeder Unterricht vermag die angestrebte persönliche Handlungsfähigkeit von Schülern zu fördern, zumindest nicht in einem unmittelbar wirksamen Sinne. Doch sollte jeder Unterricht daraufhin überprüft werden, ob er nicht über das jeweils kurzfristig angestrebte Lernziel zugleich auch die Handlungsfähigkeit zu fördern imstande ist. Das wird zum einen dadurch möglich, dass bestimmte Informationen nicht nur das eine Lernziel erreichen helfen, sondern zugleich als essenzielle Bestandteile von Handlungsfähigkeit gelten können. Wie an anderer Stelle schon ausgeführt, lässt sich das daran überprüfen, ob die Informationen lebensbedeutsam sind und eine der vier Komponenten der ganzheitlich-integrativ verstandenen Handlungsfähigkeit aufbauen helfen, mithin die Sach-, Sozial-, Methoden- oder Moralkompetenz. Wer mit dem WPM arbeitet, ist auf jeden Fall aufgefordert, diese auf die externe Referenz, auf Handlungsfähigkeit, zielende Sichtweise mit einzubeziehen.

Die externe Referenz Handlungsfähigkeit ist zum immanenten Moment aller Planung, nicht nur der Inhaltsauswahl, zu machen. Vor allem ist bei der Entscheidung über das Arrangement von Unterricht zu reflektieren, wie es gestaltet sein könnte und sollte, um Handlungsfähigkeit zu fördern. Neben dem *Was* bekommt so das *Wie* von Lehren und Lernen im WPM besondere pädagogisch-didaktische Bedeutung. Formen eigenständigen Lernens, wie sie beispielsweise

34 Zweckrational ist die Planung des Unterrichts angelegt. Der Unterricht erfolgt vieldimensional.

35 Vgl. dazu die entsprechenden Ausführungen im Abschnitt über »Hilfen« für die Planung, S. 38 ff.

als zwar nicht selbst-organisiertes, aber (weitgehend) selbst-gesteuertes Lernen durch die konstruktivistische Lernpsychologie gefordert werden, sind gegenüber bloß rezeptiven Lernweisen vorzuziehen. Das ist nicht immer möglich, aber Lehrer sollten die in Frage kommenden Lernsituationen aufspüren können - und das verlangt das WPM von ihnen; es zwingt ihren Blick und ihr Denken auf die externe Referenz Handlungsfähigkeit und auf von da ausgehende Aufforderungen zu passenden Arrangements von Unterricht.

6.3 Das WPM ist ein offenes Modell

Das WPM zentriert didaktisches Denken und Handeln auf *Lern*vorgänge, favorisiert dabei solche, die auch die allgemeine Handlungsfähigkeit von Schülern fördern, ist darüber hinaus aber auch offen für anders gerichtetes didaktisches Denken. Neben Lernen finden sich in der heutigen allgemeindidaktischen Theoriebildung andere zentrale und zentrierende Begriffe, wie *Bildung*, *Kommunikation*, *Konstruktion* u. a. Das WPM ist offen für die damit arbeitenden Theorien, d. h. wer mit dem WPM plant, kann das Modell durchaus auch in Zusammenhang mit den übrigen Theorien anwenden.[36]

Neben lerntheoretischen spielen vor allem bildungstheoretische didaktische Konzepte eine Rolle für die Planungspraxis von Lehrern. Deren zentrale Kategorie *Bildung* lässt sich als eine besondere Art, eine Überhöhung von allgemeinem *Lernen* beschreiben. Am Lernen - als alle möglichen Informationserwerbe umfassend begriffen - gemessen, ist Bildung zugleich *weniger* und *mehr* als Lernen. *Quantitativ* betrachtet ist Bildung weniger als Lernen: Lernen umgreift alle erworbenen Informationen, Bildung hingegen nur einen Teil von diesen. Das Erlernen der *Ballade vom Taucher* wird sicher zugleich auch als Bildungserwerb gewertet werden können; der Erwerb von *Fertigkeiten zum Taschendiebstahl* dagegen dürfte wohl kaum als bildungswirksam betrachtet werden. Lernen gilt uns demnach als Voraussetzung von Bildung. Dies gilt auch in *qualitativer* Hinsicht, wobei hier aber Bildung mehr ist als Lernen. Dabei muss es allerdings einen Qualitätsmaßstab geben, an dem gemessen werden kann, welches Lernen zugleich auch als Bildung gewertet werden kann. In der bildungstheoretischen Didaktik wird mit dem Bildungsbegriff solch ein Maßstab mitgeliefert. So definiert beispielsweise KLAFKI in seiner *kritisch-konstruktiven Didaktik* Individualbildung als das Gesamt von drei Grundfähigkeiten - die *Selbstbestimmungsfähigkeit*, die *Mitbestimmungsfähigkeit* und die *Solidaritätsfähigkeit*.[37] Wo dieser Bildungsbegriff in das WPM aufgenommen wird, könnte er durchaus zur externen Referenz gemacht werden. Lehrer könnten mithin immer fragen, ob das, was zum Lernen ansteht, (auch) geeignet ist, diese Grundfähigkeiten mitzufördern.

---

[36] Zu den aktuellen allgemeindidaktischen Theorien vgl. W. H. PETERSSEN, Lehrbuch Allgemeine Didaktik, 6., völlig ver., akt. u. stark erw. Aufl., München 2001.

[37] Vgl. KLAFKI, WOLFGANG, Neue Studien zur Bildungstheorie und Didaktik, 2., erw. Aufl., Weinheim u. Basel 1991, bes. S. 52 ff.

Das WPM lässt zu, die grundsätzlich lerntheoretische Planung auch auf Bildung und auf Erziehung auszurichten, es ist offen für darauf bezogenes Denken. Doch muss dazu der grundsätzlich angenommene systematische Zusammenhang von Lernen und Bildung sowie Erziehung noch deutlicher herausgestellt werden. Für *Erziehung* gilt, was oben für Bildung gesagt wurde - quantitativ ist Erziehung weniger, qualitativ mehr als Lernen. In der Fachsprache wird Erziehung als ein Prozess der Fremdeinwirkung auf Heranwachsende verstanden, der zum Ziel hat, diese zu Persönlichkeiten werden zu lassen, zu autonomen Menschen o. Ä. Wenn nun dieser Zustand erreicht ist - jemand seine eigene Persönlichkeit gefunden hat u. Ä. -, ist der Erziehungsprozess beendet.[38] Lernen gilt als endlos, Erziehung als endlich. Quantitativ und qualitativ zählt jenes Lernen dazu, das die Persönlichkeit fördert. Man geht davon aus, dass der Erzogene - kein Zögling mehr - imstande ist, sein Leben eigenhändig zu steuern und dafür Sorge zu tragen, dass der Persönlichkeitszustand erhalten bleibt.

Erziehung wird am Individuum gemessen, Bildung hingegen ist gesellschaftlich bestimmt - wer als gebildet gilt, hängt von Vorstellungen in der Gesellschaft über Bildung ab. Dies erschließt sich uns leichter, wenn wir systematisch auseinanderhalten, dass Bildung sowohl als ein *Prozess* wie als ein *Produkt* aufgefasst wird. Wie Erziehung so stellt auch Bildung einen theoretischen Konstrukt dar, der nicht eine Beschreibung von Wirklichkeit, sondern eine Definition von Auffassungen ist. Und so wird Bildung derzeit aufgefasst: *Bildung als Produkt* gilt als *sozial-historischer* Art. Jede Gesellschaft hat ihre eigene Bildungsvorstellung, die dazu noch von Epoche zu Epoche Veränderungen unterliegt. Bildung als Prozess gilt als *selbstintentional* und *endlos*. Im Unterschied zu Erziehung und Lernen kann Bildung von außen nur angestoßen, gefördert werden. Lernen kann Angebote enthalten, die von den Lernenden zum Aufbau ihrer Bildung genutzt werden. Da die Vorstellung vom gebildeten Menschen in ständigem Wandel ist, stellt sich jedem Individuum Bildung als lebenslange Aufgabe, wenn es denn immer gebildet sein möchte.

Das WPM steht als Planungsmodell offen für Reflexionen über erziehungs- und bildungswirksamen Unterricht. Lehrer können und sollten - zumal ihnen in der Regel Erziehungs- und Bildungsauftrag durch Schulgesetz und Lehrpläne verbindlich zur Daueraufgabe gemacht werden - ihren Unterricht auf Erziehung und Bildung ihrer Schüler hin planen, und zwar ausdrücklich und bewusst, wo immer dies im Alltagsgeschäft möglich ist.

[38] Zugrunde liegt die anthropologische Annahme, dass der Mensch ein zugleich erziehungsbedürftiges und erziehungsfähiges Wesen ist, sodass Erziehung zugleich als gerechtfertigt, weil notwendig, und möglich gilt.

6.4 Das WPM unterscheidet zwischen Anfängern und Routiniers

Das WPM ist hinsichtlich seiner Inanspruchnahme geschichtet: Es kann insgesamt, aber es kann auch in Teilen für die Unterrichtsplanung genutzt werden. So will es den Ansprüchen und Voraussetzungen von Anfängern wie von Routiniers im Unterrichtsgeschäft gerecht werden.

Dabei werden wahrscheinlich Anfänger ersten Grades - nämlich Praktikanten während ihrer ersten hochschulgebundenen Ausbildungsphase - und gestandene Routiniers denselben Gebrauch vom WPM machen. Beiden Gruppen reicht es wohl, im Anschluss an das Thema die drei Kernfragen nach dem *Wozu*, dem *Was* und dem *Wie* zu stellen, also Entscheidungen über *Zielsetzungen, Inhalte* und *Arrangement* von Unterricht zu treffen. Den Praktikanten geht es dabei ums nackte Überleben, darum, die ersten Unterrichtsstunden zu überstehen und doch noch (verhältnismäßig) guten Unterricht zustandezubringen. Ihnen wird in der Regel das Thema an den Kopf geworfen, das sie dann, ohne die situativen wie epochalen Bedingungen auch nur hinreichend zu kennen oder in der kurzen verfügbaren Zeit in Erfahrung bringen zu können, umsetzen sollen. Ihnen empfehle ich, in der Tat bloß den Dreierkern des Modells zu nutzen, also nach dem *Wozu* (Ziele), dem *Was* (Inhalte) und dem *Wie* (Arrangement) des Unterrichts zu fragen und passende Antworten zu suchen.

Für sie verkürzt sich das Modell wie folgt:

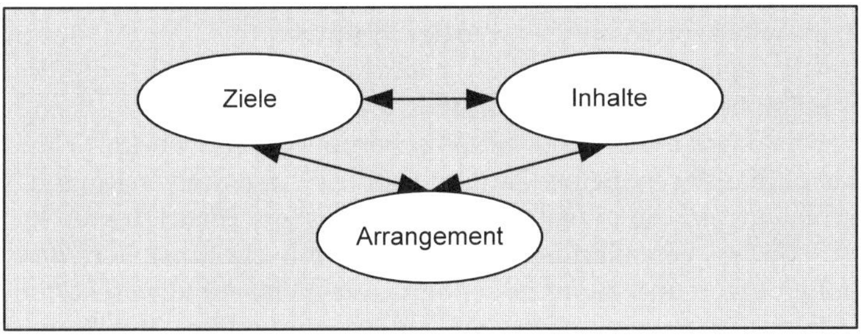

Abb. 8: Kern-Entscheidungen über Unterricht

Ganz anders bei Routiniers: Sie kennen in der Regel die Bedingungen ihres Unterrichts und berücksichtigen diese ohne großes Bewusstsein darüber bei ihren Reflexionen und Entscheidungen. Hinzu kommt noch, dass sie ein großes Repertoire an Handlungsschemata haben, aus dem sie - auch wieder ohne hohes Bewusstsein - schöpfen, was zur Unterrichtsgestaltung erforderlich ist. Unter Rückgriff auf die *Handlungsregulationstheorie* von W. HACKER kann routiniertes Handeln als so genannte *begrifflich-perzeptive* Steuerung des Planungshandelns aufgefasst werden: Dem routinierten Lehrer sind die Anlässe seines Handelns stets bewusst - wofür er planen muss usw. -, doch der Vollzug seines regulativen (Unterrichtsplanung) und operativen Handelns (Unterrichtsdurchführung) geschieht aus der Routine.[39] Dass dem Routinier aber das WPM auch Anlass und Hilfe für strukturierte Reflexionen sein kann und sollte, ihm also von Zeit zu Zeit seine bedeutsame Erziehungs- und Bildungsaufgabe wieder ausdrücklich vor Augen führen kann, dürfte wohl deutlich geworden sein.

Den Übergang vom Anfänger zum Routinier erreicht man nur, wenn didaktisches Handeln eine (ziemliche) Zeit lang bewusst und geplant-zielvoll vollzogen wird. Und hierfür bietet sich das WPM an: Wo zunächst nur die drei Kernpunkte bewusst aufgenommen und durchdacht werden, da kommen die übrigen zunehmend mehr in den Blick, die situativen Bedingungen in immer größerem Umfang, danach die epochalen Bedingungen ebenfalls in immer größerem Umfang je nach Fortschritt des Studiums in den einzelnen Fächern. Und auch die professionelle Reflexion der drei Kernfelder nimmt ständig zu, da auch hierfür das fortschreitende Studium und die selbst erfahrene Praxis immer mehr an Informationen und Übungsmöglichkeiten bietet.

6.5 Das WPM gilt für den didaktischen Alltag und für Feiertage

Ähnlich der soeben erfolgten Bewertung kann das WPM auch zwischen den – in der didaktischen Theorie lange Zeit heftig diskutierten – unterschiedlichen Ansprüchen des schulischen Alltags und gelegentlichen Feiertagen vermitteln.[40] Da es nicht beansprucht, immer in vollem Umfang benutzt zu werden, sondern eine elementare Nutzung ausgewählter Komponenten zulässt, ist es ein Alltags- wie Feiertagsmodell. Wo der Routinier unter den Alltagszwängen steht und für seinen Alltag plant, da wird er – wie gesagt – die drei Kernkomponenten heranziehen und zusätzlich ohne großes Bewusstsein sein Reservoir an pädagogischen und didaktischen Informationen und Handlungsschemata aktualisieren. Seine Planung wird sich allenfalls in kurzen Skizzen niederschlagen, auf die er während des Unterrichts zurückgreifen kann. Wo er aber besonders gefordert ist, da kann er sich leicht umstellen, das Modell vollständig nutzen und zu umfassenden Unterrichtsentwürfen kommen und so den Feiertag angemessen gestalten. Und der unter Umständen erwünschte Erfolg von Feiertagen – Bestehen von Examen, Ernennung, Beförderung u. Ä. – sollte sich einstellen.

---

[39] Vgl. dazu Hacker, Winfried, Arbeitspsychologie, Bern, Stuttgart, Toronto 1986

[40] Vgl. dazu u. a. Peterssen, Wilhelm H., Lehrbuch Allgemeine Didaktik, a. a. O., bes. S. 271 ff.

7 Hochschuldidaktischer Vorschlag für die schrittweise Einführung in das Modell

Wie für ein umfassendes Menü gilt, dass es nur als Ganzes gewertet werden kann und auch nur so gegessen werden soll, obwohl es nicht als Ganzes auf einmal konsumiert werden kann, sodass man stattdessen Gang nach Gang aufnehmen muss - so gilt für das WPM, dass es seine didaktische Bedeutung nur als Ganzes erhält und als solches erworben werden muss, dass es aber nur Teil um Teil aufgenommen und erworben werden kann. Zumindest gilt dies für Anfänger im Geschäft der Unterrichtsplanung. Um diese Schritt für Schritt in das WPM einzuführen, hat sich eine Reihenfolge als ganz sinnvoll erwiesen, die hier im Folgenden - zur Anregung, nicht verpflichtend - vorgestellt wird.

Bei solcher schrittweisen Einführung spielt das Prinzip bewusster Redundanz eine große Rolle. Hier geht es nur um das Modell der Unterrichtsplanung und die dafür unmittelbar und unbedingt zum Verständnis nötigen Implikationen; wo darum herum weitere Informationsringe angelagert werden sollen - wie z. B. über die didaktische Theoriebildung, über Erziehungs- und Bildungsaufgaben der Schule u. a. -, da ist das ohne weiteres möglich. Das Wissen um Unterrichtsplanung wird durch das hier gewählte Vorgehen schrittweise erweitert.

Die vorne aufgeführten *Planungsphasen* und *Planungshilfen* werden hier nicht wiederholt! Sie sollten an den entsprechenden Stellen mit eingebracht werden.

Abb. 9: Didaktisches Denken setzt nun einmal hier an!
(Erik Liebermann/Baaske Cartoon 5)

Mind-Map: Welche Kenntnisse über das WPM vermittelt werden müssen

Diese Mind-Map stellt in vernetzender Weise vor, welche inhaltlich-thematischen Felder im Einzelnen behandelt werden müssen, wenn das WPM vollständig vermittelt werden soll. Wer es vermitteln möchte, kann sich für seine Vorbereitungen darauf beziehen und daran orientieren. Wer es erwirbt, kann daran messen, ob er in der Tat alle nötigen Kenntnisse besitzt.

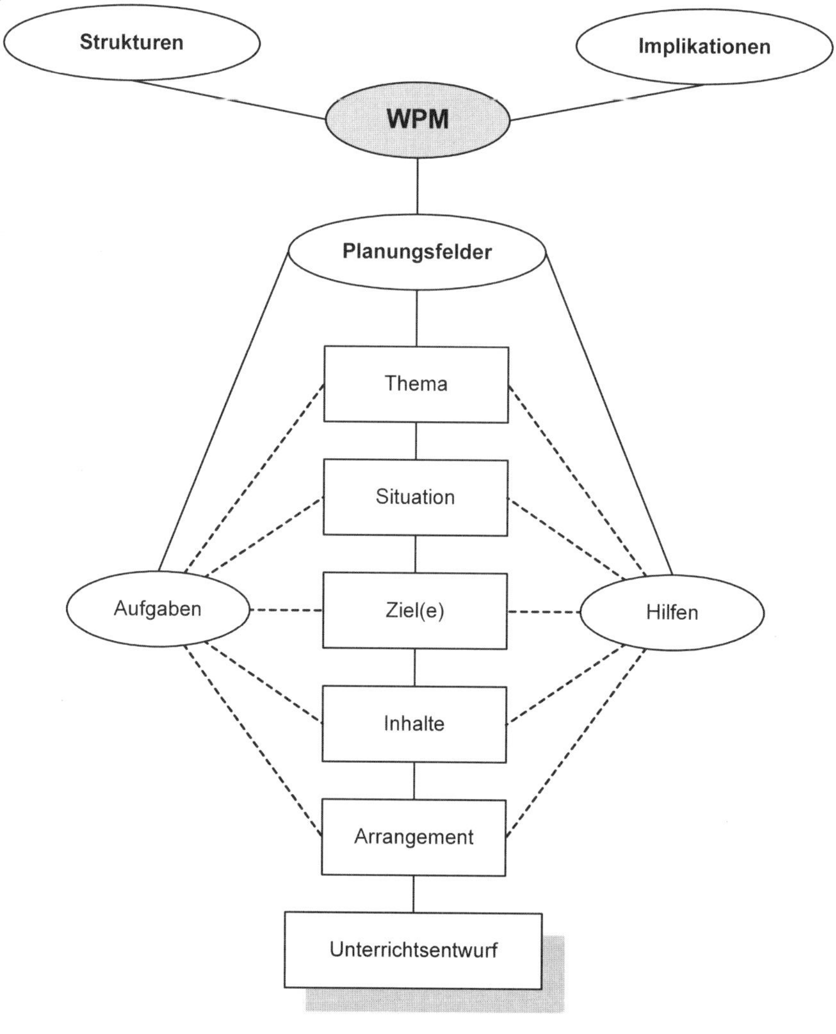

Abb. 10: Mind-Map nötiger Informationen über das WPM

Legende:

Strukturen	Das WPM strukturiert die Planungstätigkeit, indem es von als dauerhaft angenommenen formalen Strukturen des Unterrichts ausgeht.
Implikationen	Das WPM baut auf bestimmten theoretischen Prämissen auf, die in das Modell eingegangen sind.
Planungsfelder	Das WPM weist auf einzelne Planungsfelder hin und schlägt eine Reihenfolge für ihre Bearbeitung vor.
Aufgaben	Das WPM stellt die Aufgaben vor, die in den einzelnen Planungsfeldern anstehen.
Hilfen	Das WPM bietet Hilfen für die Planungsarbeit in den einzelnen Feldern an.

Modul 1: Das WPM arbeitet mit dem Lern-Begriff

Begriffen wird das WPM nur, wenn zuvor eingesehen wird, dass man die Kernaufgabe von Unterricht unterschiedlich auffassen kann und dass diese hier im *Lernen* gesehen wird: Im Unterricht geht es vor allem anderen darum, dass Heranwachsende Gelegenheit erhalten zu lernen, was sie nun einmal lernen müssen.[41]

Also müssen die künftigen Lehrer zunächst einmal wissen, was man gemeinhin unter Lernen verstehen kann. Und es wäre auch gut, wenn sie eine Begründung dafür erhielten, warum der Lernbegriff ins Zentrum der Theorie gestellt wird und ihre Planungsaufgabe dadurch auf Lernen zentriert wird – warum mithin Lernen zum *zentralen* und *zentrierenden Begriff* dieses Modells gemacht worden ist. Ob dabei schon auf Lerntheorien der Psychologie eingegangen werden kann, ob dabei schon auf die Problematik des Lernen*machens* eingegangen werden kann usw., hängt von den Vorkenntnissen der Studierenden, Referendare u. Ä. zu diesen Problembereichen ab.

Auf keinen Fall sollte zu diesem Zeitpunkt schon von der hier als *externe Referenz* bestimmten *Handlungsfähigkeit* gesprochen werden. Es geht um behutsames Heranführen an die *Lehreraufgabe Unterrichtsplanung*, um erste Einsichten sowohl in die Notwendigkeit und Machbarkeit von Planung als auch in praktische Möglichkeiten.

In der Regel wird es wohl so sein, dass die Einführung in Unterrichtsplanung einer allgemeinen Einführung in die Erziehungswissenschaft, das Studium der Pädagogik o. Ä., nachfolgt, sodass dort erörterte Begriffe und Kategorien wieder aufgegriffen werden können.

---

41 Dadurch bleibt das WPM durchaus – wie weiter vorne erläutert – offen für andere Zielsetzungen, wie z. B. Bildung, und didaktische Grundauffassungen, wie z. B. bildungstheoretische.

Modul 2: Alle Planung geht vom Thema aus

Themen werden angehenden Lehrern an den Kopf geworfen oder auch vorsichtig andeutend nahe gelegt. Auf jeden Fall erfahren Anfänger in der Regel überaus schnell, dass sie über Themen unterrichten sollen. Damit Themen als pädagogisch und didaktisch bedeutsam und als von besonderer Art aufgefasst werden, muss das Unterrichts-Thema selbst gleich anfangs thematisiert werden.

Dabei kommt es darauf an, einsehen zu lassen, dass zwischen Sachen, über die Themen formuliert werden, und Themen ein großer Unterschied besteht. Künftige Lehrer müssen vor allem zwei Grundeinsichten vollziehen:

- erstens dass im Unterricht Themen zu behandeln sind, dass über Themen unterrichtet wird, dass sie in den Interaktionsprozess von Schülern und Lehrern aufgenommen werden, und
- zweitens dass dies nicht aus themenimmanenten Selbstzwecken, sondern zu Lernzwecken erfolgt, dass Themen mit der Absicht behandelt werden, daran Schüler etwas lernen zu lassen.

Und im Zusammenhang damit wird auch einsehbar, dass Themen nicht zufällig oder willkürlich in den Unterricht gehören, sondern dass sie - und zwar von Lehrern - gegenüber den Schülern zu rechtfertigen sind und nur gerechtfertigte Themen schließlich für den Unterricht ausgewählt und weiterbearbeitet werden sollten. Und auch das Formulierungsproblem von Unterrichtsthemen sollte behandelt werden.

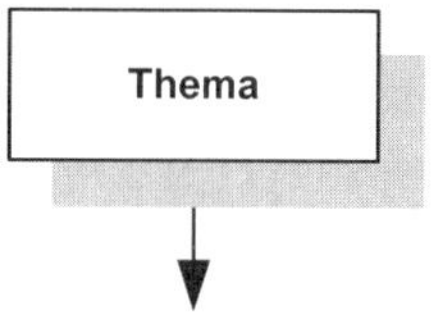

Abb. 11: Thema – Ausgangspunkt aller Unterrichtsplanung

Modul 3: Drei Kernfelder für die Planung von Unterricht

Anstelle des Vier-Felder-Denkens über die innere Struktur von Unterricht beim »Berliner Modell« gibt das WPM nur drei Felder vor, die den gesamten Unterricht abdecken. Dementsprechend wird das Planungshandeln von Lehrern auf diese drei Felder gelenkt. Und eben mit der damit verbundenen Problematik müssen sie zuerst umgehen lernen.

Die drei Kernfragen für die *Konstruktion* von Unterricht sind nach wie vor, im Anschluss an die Themen-Vorgabe, zu fragen:

- *Wozu* soll der Unterricht stattfinden?
- *Was* soll im Unterricht behandelt werden?
- *Wie* soll der Unterricht gestaltet werden?

Die drei Fragen nach dem

- *Wozu*
- *Was*
- *Wie*

des Unterrichts sind die didaktischen Fragen nach

- den *Lernzielen*
- den *Lerninhalten*
- dem *Lern-Lehr-Arrangement*

von Unterricht.

Dabei ist zu beachten, was seit dem »Berliner Modell« in der Didaktik mit *Interdependenz* bezeichnet wird: Alle drei Kernpunkte des Unterrichts – in der Planung als Entscheidungen durch Lehrer erforderlich – stehen in einem unauflöslichen und wechselseitigen Bedingungszusammenhang.

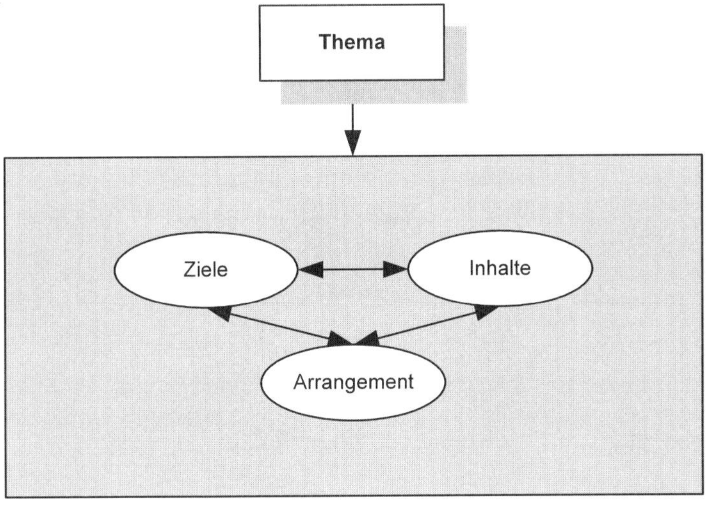

Abb. 12: Kernfelder der Unterrichtsplanung

Modul 4: Drei Kernfelder für die Planung des Arrangements von Unterricht

Das üblicherweise als Methodenfrage bezeichnete Problem von Unterricht – die Frage nach dem **Wie** – ist viel zu vielschichtig und komplex, als dass es mit dem einen Begriff Methode hinreichend aufgenommen und praktisch angemessen gelöst werden könnte. Nur von Methode zu sprechen, hat zu geradezu pathologischen Erscheinungen im Unterricht geführt, beispielsweise zu Methodenmanie, Methodenmonismus – mit einem Wort: zur Verselbstständigung des Methodendenkens. Hier wird deshalb von Arrangement gesprochen: Eine der drei bedeutsamen Maßnahmen bei der Planung von Unterricht ist das Arrangieren des Lern- und Lehr-Prozesses. Dabei gilt es, wiederum drei wichtige Bereiche zu klären und vorweg zu gestalten (Modellskizze zu diesem Modul siehe Abb. 13):

Methode(n)	• Welche Aktionen sollen Lernende und müssen Lehrende ausführen, welche Aktivitäten ergreifen?
Medien	• Welcher Mittel sollen sich Lernende und Lehrende bedienen?
Sozialform(en)	• Wie sollen Lernende mit Lernenden und Lehrenden, Lehrende mit Lernenden zusammenarbeiten?

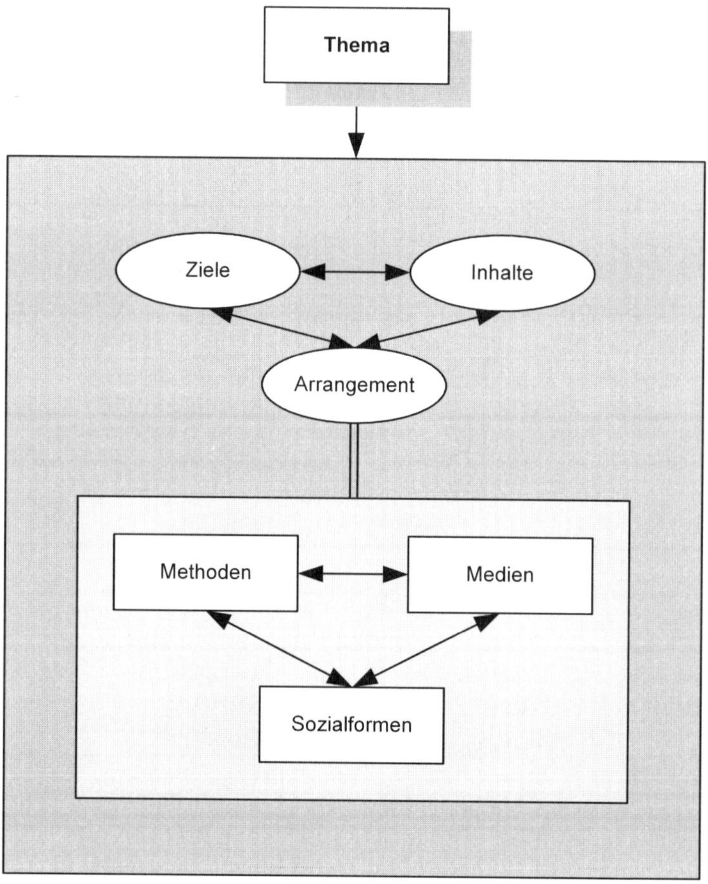

Abb. 13: Felder des Unterrichts-Arrangements

Modul 5: Die Berücksichtigung der Situation in der Unterrichtsplanung

Kein Unterricht findet im luftleeren Raum statt. In der Regel trifft man auf Unterricht im Regelschulsystem in einer bestimmten Schulart, einer Einzelschule, einer Jahrgangsklasse usw. Und diese wiederum weisen situationsspezifische Erscheinungsformen auf, aus der heraus und in die hinein jeder Unterricht einzupassen ist (Modellskizze zu diesem Modul siehe Abb. 14).

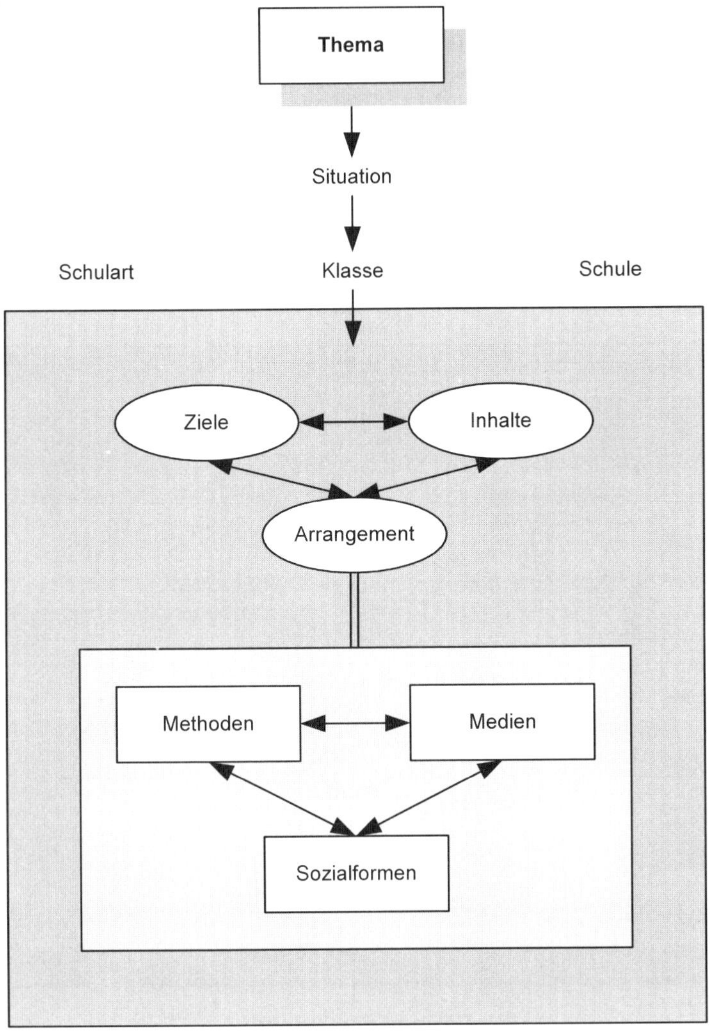

Abb. 14: Die Einbeziehung der Situation in die Unterrichtsplanung

Modul 6: Die Berücksichtigung epochaler Bedingungen in der Unterrichtsplanung

Unterricht in Schulen findet nicht in einer pädagogischen Provinz statt, abgeschottet von der umgebenden Geschichte und Gesellschaft. Auf ihn wirken vielmehr die Zeitströmungen unmittelbar oder mittelbar ein: die bestimmenden Momente und Kräfte der Gesellschaft. Für ihn sind die Aussagen von Wissenschaften zu berücksichtigen: die inhaltlichen Erkenntnisse bestimmen die zu vermittelnden Informationen, die Vorstellungen in Pädagogik und Didaktik rechtfertigen Entscheidungen über Zielsetzungen, Inhalte und Wege von Unterricht (Modellskizze zu diesem Modul siehe Abb. 15).

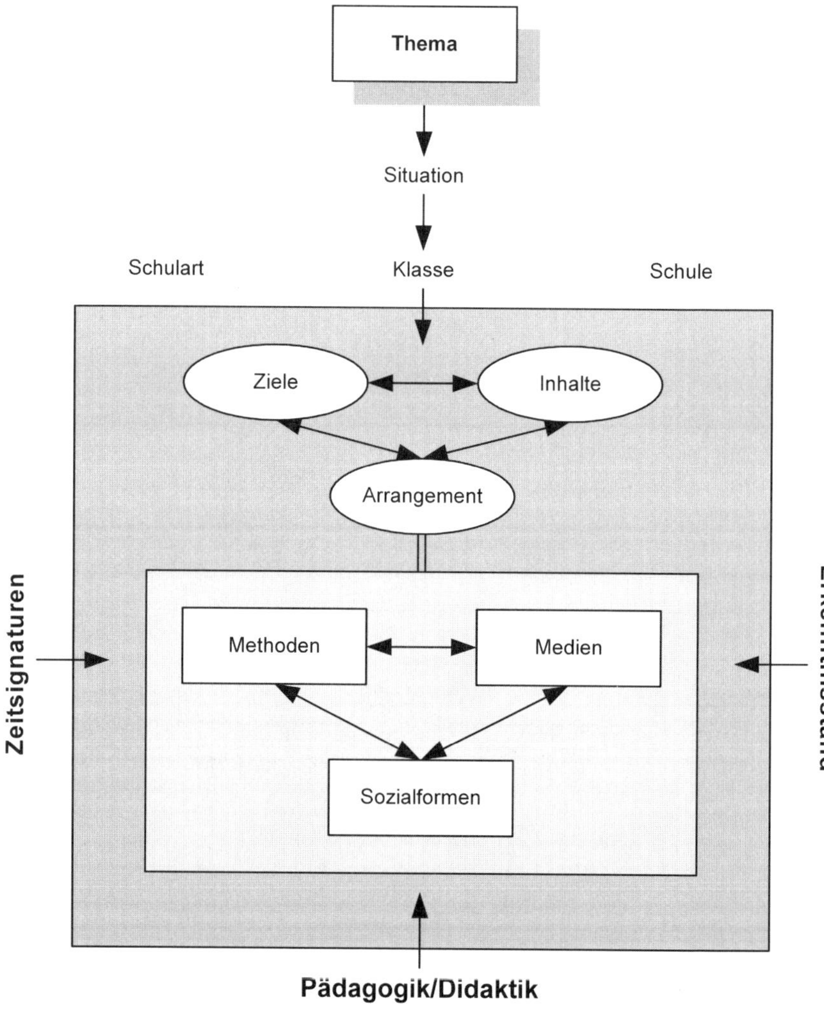

Abb. 15: Die Einbeziehung epochaler Bedingungen in die Unterrichtsplanung

8 Beispiele

Die Beispiele sollen nicht als Musterlösungen aufgefasst werden! Sie sollen vielmehr anschaulich vor Augen führen, zu welchen Planungsergebnissen das **W**eingartener **P**lanungs**M**odell führen kann. Dabei sollte deutlich werden, dass für den schriftlichen Entwurf weder ein ganz bestimmtes Schreibraster nötig ist und eingehalten werden muss noch dass stets alle Planungsaufgaben in aller Ausführlichkeit beschrieben werden müssen. Wichtig ist: Der schriftliche Entwurf sollte so abgefasst sein, dass er die Planungsentscheidungen und die dazu angestellten Überlegungen der Lehrenden deutlich und verständlich macht, sodass darüber ein rational geführtes Gespräch möglich wird. Also: Wird deutlich, welches Thema unter welchen Bedingungen zu welchen Lernzwecken, mit welchen Lerninhalten und durch welches Lern-Lehr-Arrangement behandelt werden soll?

8.1 Grundschule/Primarstufe: *Elfchen*

1. DATEN

Termin:	17.07.2002
Zeit:	4. Stunde (10.15 Uhr - 11.00 Uhr)
Lehrerinnen (Planungsteam):	SABRINA KLEMENT MELANIE RAMSPERGER LEA HASELWANDER MARTINA KRAUS SUSANNE HALLER
Ausbildungslehrerin:	Frau J.
Schule:	Kuppelnauschule Ravensburg
Klasse:	4 a
Fach:	Deutsch
Thema:	Elfchen zum Thema Sommer
Lernziel:	Die Schüler sollen die Gedichtform *Elfchen* kennen lernen und selbstständig Elfchen schreiben

2. VORÜBERLEGUNGEN

2.1 Zum Thema

(1) Was meint das Thema?

Das Elfchen
Ein Elfchen ist ein ungereimtes Gedicht aus elf Wörtern, die nach einem vorgegebenen Schema angeordnet sind. »Elfchen sind Kürzesttexte, die einer strengen Regel gehorchen.«[42] Entscheidend ist in jedem Fall, dass die Anzahl der Worte nicht überschritten wird.

Elfchenschema:

____
__________ __________
__________ __________ __________
__________ __________ __________ __________
____

Der Erfinder der Elfchen ist der Niederländer JOS VAN HEST.[43]

Elfchen haben »einen progressiven Aufbau mit einem pointierten Schlusspunkt.«[44] Sie können zu verschiedenen Themen verfasst werden (z. B. Farb-Elfchen, Tier-Elfchen, ...).

---

42 Vgl. MENZEL, WOLFGANG, Schreiben mit poetischen Spielregeln, in: SCHIRMCHEN & Co. Pusteblume Zeitung Nr. 1/1998, S. 2.

43 Vgl. BÖSEKE, HARRY, 1999, S. 72.

44 Vgl. MENZEL, WOLFGANG, 1998, S. 2.

Beispielsweise gibt es für Farb-Elfchen folgende »Anleitung«:

1. Zeile: eine Farbe	(1 Wort)
2. Zeile: etwas, was diese Farbe hat	(2 Wörter)
3. Zeile: genauere Bestimmung (was/wo/wie?)	(3 Wörter)
4. Zeile: etwas über sich selbst, mit »ich« beginnend	(4 Wörter)
5. Zeile: ein abschließendes Wort	(1 Wort)[45]

Es kann aber auch ohne Zeilenanweisung nach den vorgegebenen Regeln frei geschrieben werden. Die Wahl der Wortart ist freigestellt. Es ist möglich, innerhalb des Schemas einen einzigen Satz oder aber auch nur einzelne Worte zu schreiben.

(2) Was haben jene damit beabsichtigt, die es als Thema vorgegeben haben?

Unterrichtsthema und Bezug zum Bildungsplan

Das Thema *Elfchen selbst schreiben* findet man im Bildungsplan für die Grundschule von Baden-Württemberg für die Klasse 4 im Arbeitsbereich 4: »Schreiben – Texte schreiben«. »Freies, spontanes, auf sich selbst bezogenes Schreiben wird auch in Klasse 4 gepflegt.«[46] Ziel des Arbeitsbereiches »Texte schreiben« ist es, die Schüler zu befähigen, Texte zu verfassen, die über die jeweilige Situation hinaus verständlich sind. Schreiben hat dabei mehrere Funktionen:

- eine psychische Funktion (Schreiben für sich)
- eine soziale Funktion (Schreiben für und an andere)
- eine kognitive Funktion (Schreiben für das Denken)[47]

Wenn es gelingt, den Kindern das Schreiben als etwas Positives erfahrbar zu machen, dann kann es »als intellektuelles Produktionsmittel eine Fülle kreativer Denk- und Handlungsweisen hervorbringen.«[48] Die Schüler können im Rahmen der Vorgabe des Elfchenschemas kreativ und spontan ihre Ideen aufschreiben. Durch die Vorgabe des Elfchenschemas sollen »Kinder beim Schreiben nicht eingeengt, sondern entlastet werden, da durch die Vorgaben Erzählspuren gelegt werden, die von den Kindern aufgegriffen und entfaltet werden können.«[49] Die geschriebenen Gedichte sollen schließlich auf Schmuckblättern »schriftlich aufbewahrt«[50] und im Klassenzimmer aufgehängt werden. »Eine sehr hohe Schreibmotivation geht für die Kinder davon aus, dass sie ihre Texte in irgendeiner Form präsentieren und öffentlich machen können. Ebenso wächst die Bereitschaft, die eigenen Texte zu überarbeiten und auch unter ästhetischen Gesichtspunkten für Leserinnen und Leser zu gestalten.«[51] Die fer-

---

45 Vgl. Schuster, Karl, 9. Aufl., 2001, S. 108.
46 Vgl. Ministerium für Kultus und Sport Baden-Württemberg (Hg.), 1994, S. 193.
47 Vgl. Ossner, Jakob (Hg.), 1994, S. 102/103.
48 Vgl. ebd., S. 104.
49 Vgl. ebd., S. 109.
50 Ministerium für Kultus und Sport Baden-Württemberg (Hg.), 1994, S. 193.
51 Ossner, Jakob (Hg.), 1994, S. 113.

tigen Schreibprodukte sollen deshalb vorgetragen, gemeinsam besprochen und eventuell überarbeitet werden, bevor sie auf das Schmuckblatt übertragen werden. »Kinder brauchen Rückmeldungen über ihre Texte, erst dann können sie Rückschlüsse auf den Erfolg ihrer Schreibstrategie ziehen und die Wirkung eines Textes zum weiteren Schreiben nützen.«[52]

(3) Was kann das Thema »hergeben«?

Gegenwartsbedeutung
Bereits im Vorschulalter begegnen vielen Kindern poetische Elemente in Form von Kinderliedern, Fingerspielen oder Abzählversen, die charakteristisch sind für das Lyrische, wie z. B. Verdichtungen, Wiederholungen, Variationen, Rhythmus, Reim ... Zudem lernen Kinder kurze Verstexte schon von klein auf kennen, die sie von ihren Eltern oder im Kindergarten lernen. Doch haben sie solche Texte meist nur gehört, gelesen oder nachgesprochen. Die Schüler haben bereits in der 3. Klasse Elfchen geschrieben, sodass ihnen das Schema nicht ganz neu ist. Da es gerade Anfang Juli ist, bietet es sich an, für die Elfchen das *Thema Sommer* auszuwählen. Gerade die sommerliche Jahreszeit wird von den Kindern intensiv erlebt und kann deshalb als aktueller Bezugspunkt für die Themenauswahl genutzt werden.

Zukunftsbedeutung
Durch den Umgang mit Elfchen soll bei den Kindern die Motivation, Offenheit und Neugierde für Lyrik geweckt werden, damit sie auch später mit einer positiven Einstellung an Dichtungen herantreten und den Umgang mit kreativen (ungereimten) Texten kennen.

(4) Wofür sollte es stehen?

Exemplarische Bedeutung
Das Elfchen kann exemplarische Funktion für andere Gedichte einnehmen, die von einer Zahl (Anzahl der Worte, Silben ...) oder einer charakteristischen Form bestimmt und reimlos sind. Ein Beispiel hierfür wäre das *Haiku*. In diesem japanischen Kurzgedicht sollten in drei Zeilen siebzehn Silben möglichst wie folgt untergebracht werden:

1. Zeile: fünf Silben
2. Zeile: sieben Silben
3. Zeile: fünf Silben.

Beispiele für ein Haiku:

Dort auf dem Wasser
Des wilden Bachs der Anblick
Von Weidenkätzchen!
Kijo

Schön schillernder Lachs
Voll Lebenskraft flussaufwärts
Ins Netz des Fischers
Schülertext[53]

[52] Ebd., S. 115.
[53] Vgl. Schuster, Karl (Hg.), 2001, S. 108.

(5) Sollte es im Fachunterricht oder in anderen Organisationsformen behandelt werden?

Da es sich beim Elfchen um ein Gedicht und somit um ein typisches Deutschthema handelt, bietet sich die Einführung und Behandlung des Themas im Deutschunterricht an. Später könnte man das Elfchen auch zu einem passenden Thema (Bsp. Sommer) fächerübergreifend (u. a. geeignet: Heimat- und Sachunterricht) evtl. in Freiarbeit oder als Station eines Projektes behandeln.

(6) Was muss ich (Lehrerin) mir noch an Kenntnissen beschaffen, und wie tue ich das am besten?

Als Grundlage dient die intensive Auseinandersetzung mit Gedichten und dem kreativen Schreiben. Außerdem sollte man sich mit dem ausgewählten Thema (Sommer) näher beschäftigen, Informationen sammeln und vorbereitend für den Unterricht passende Wörter sammeln/Elfchen schreiben.

2.2 Zur Situation und zu den Bedingungen

(1) Situative Bedingungen

Lernvoraussetzungen der Klasse
Die Klasse 4a der Kuppelnauschule in Ravensburg wird von 23 Schülern besucht. Davon sind fünfzehn Mädchen und acht Jungen. Die Klasse setzt sich aus sechs deutschen und 17 Kindern anderer Nationalitäten zusammen, wobei die Aussiedlerkinder hier nicht mitgezählt wurden. Sprachliche Probleme rühren oft daher, dass die meisten Kinder zwar in Deutschland geboren sind, aber in ihrem Elternhaus nicht Deutsch gesprochen wird. Alle Schüler können dem Unterricht aber aus sprachlicher Hinsicht gut folgen. Zwei Kinder der Klasse sind Wiederholer.

Zunächst zum zeitlichen Rahmen des Praktikums: Die erste Unterrichtsstunde, die abwechselnd von den Studenten gestaltet werden kann, beginnt nach der großen Pause um 10:15 Uhr und endet um 11:00 Uhr. Die zweite Stunde beginnt um 11:05 Uhr und ist um 11:50 Uhr beendet.

Nun zu den räumlichen Bedingungen: Das Klassenzimmer mit den etwas nach hinten versetzten Sitzgruppen bietet ausreichend Platz für einen Sitzkreis an der Tafel. Zahlreiche Schülerarbeiten (z. B. aus dem Kunstunterricht) schmücken die Wände und teilweise auch die Fenster. Zwei Sofas und andere liebevolle Details tragen dazu bei, eine angenehme persönliche Atmosphäre im Klassenraum zu schaffen.

Da mir die Klasse erst von einer Hospitationsstunde bekannt ist, habe ich nur sehr oberflächliche Eindrücke über deren Eigenschaften, Sozialverhalten und Leistungsbereitschaft. In der ersten Stunde empfand ich das Klassenklima als sehr angenehm. Als es darum ging, ein Gedicht vor der Klasse vorzutragen, meldeten sich zahlreiche Kinder. So musste die Lehrperson nicht lange nach bereitwilligen Lesern Ausschau halten, was die Arbeit ungemein erleichterte. Beim anschließenden Gedichtvortrag hörten alle Kinder einander aufmerksam und ohne Wertung zu. Insgesamt folgten die Schüler konzentriert dem Unterricht und zeigten großes Interesse, sich aktiv am Unterricht zu beteiligen. Außerdem meldeten sich die Kinder vorbildlich, statt einfach in die Klasse zu rufen. Da nach der vierten Klasse die Versetzung in eine weiterführende Schule ansteht, stehen viele Schüler unter hohem Leistungsdruck, der nicht zuletzt von den Eltern ausgeht. Das Leistungsgefälle in der Klasse ist groß, die schulischen Leistungen der einzelnen Kinder driften sehr weit auseinander. Nur durch gezielte Differenzierung schafft es die Lehrerin, dass alle Schüler dem Unterricht folgen und in ihrem Leistungsstand gefördert werden können.

(2) Epochale Bedingungen

Wissenschaftlicher Erkenntnisstand

Moderne Lyrik

> »Das ›Moderne Gedicht‹ appelliert nicht mehr an den Leser mitzuschwingen, sich einzufühlen und nachzuerleben. Vielmehr widersetzt es sich solchen Bedürfnissen: es befremdet, schockiert, provoziert ihn, wenn auch auf faszinierende Weise. [...] So wie moderne Architektur auf Symmetrie und Ornament, moderne Malerei auf Perspektive, moderne Musik auf Harmonie in vielen Fällen keine Rücksicht nimmt, gebärdet sich auch das moderne Gedicht gern als aperspektivisch und dissonant, es deformiert und demontiert die gewohnte Welt bzw. deren Sicht durch den Leser. Im ›Traumlabor‹ des Dichters, der solche Verse herstellt, vermischen sich Intellekt und Kalkül mit Phantasie und Imagination; der Dichter wird zum Experimentator. [...] ›Der Dichter überlässt die Initiative den Worten‹ (Mallarmé), und je komplexer, vieldeutiger das Ergebnis ist, desto gelungener ist die durch Sprache geschaffene Gegenwelt.«[54]

Pädagogik/Didaktik

Didaktik des Gedichts

In den literaturdidaktischen Bestrebungen der jüngsten Zeit ist der *Schülerbezug* zu einem der wichtigsten Punkte geworden. Schülerbezug

> »bekommt seinen besonderen Sinn in einer Didaktik, die wie die fachwissenschaftliche Rezeptionsforschung ihr Interesse von Dichter und Werk abwendet und auf den Lesenden und Lernenden richtet, in dessen Bewusstsein das Gedicht seine jeweils konkrete Gestalt gewinnt. Schülerbezug heißt dann zugleich entwicklungs- und sozialpsychologische Rücksicht auf das, was dem Schüler erreichbar und bekömmlich ist, was ihn interessiert und ihm Freude macht.«[55]
>
> »Zeitgenössische Lyrik ist wie kein anderer Unterrichtsgegenstand dazu geeignet, den Lehrer aus seiner Rolle des Erst-Informanten und Alles-besser-Wissen-

---

[54] Vgl. Hassenstein, Friedrich, 1998, S. 627.
[55] Vgl. Hassenstein, Friedrich, 1998, S. 637.

den herauszubringen und ernstgemeinte, nicht nur gespielte Gleichberechtigung von Lehrer und Schüler zu praktizieren (WEINZIERL, 1971).«[56]

2.3 Zu den Zielen

(1) Lernziele

Ziel:
- Die Schüler sollen die Gedichtform *Elfchen* kennenlernen.

Teilziele:
Die Schüler sollen
- … Wörter zum Thema *Sommer* nennen.
- … gemeinsam passende Wörter aus der Wortsammlung (oder »neue« geeignete Wörter) nennen, daraus ein sinnvolles Elfchen bilden und in das Schema auf der Folie eintragen.
- … auf dem Arbeitsblatt aus den Wörtern der Wortsammlung und ihren eigenen Ideen ein Elfchen schreiben.
- … den Vortrag ihres Elfchens still üben.
- … ihr Elfchen vortragen.
- … die vorgetragenen Elfchen mit Hilfe von »lachenden und neutralen Smily-Kärtchen« bewerten.
- … ihr Elfchen ggf. ändern/verbessern.
- … das bereits geschriebene oder ein neues Elfchen auf das dafür vorbereitete Schmuckblatt schreiben und dieses dann verzieren.
- … Schüler sollen durch den Versuch, sich lyrisch zu artikulieren, im Umgang mit dem Materialwiderstand der Sprache, der Vers- und der Reimordnung erfahren, wie sich Kreativität gerade innerhalb vorgegebener Regeln entfalten kann.

2.4 Zu den Inhalten

(1) Aspekt: Sachkompetenz

Was ist ein Gedicht?
Das Gedicht ist keine eigene Textsorte und wird der Gattung Lyrik zugeordnet.

»Im Alltagsgebrauch bezeichnet ›Lyrik‹ eine literarische Gattung – meist im Gegensatz zu ›Epik‹ und ›Dramatik‹ – und ›Gedicht‹ einen Text, der zu dieser Gattung zählt.«[57]

Charakteristische Merkmale sind Liedhaftigkeit, Kürze, Abweichung von der Alltagssprache und die Versform. Zur Unterscheidung lyrischer Texte von Texten anderer Gattungen eignen sich die Kriterien Liedhaftigkeit, Kürze und Abweichung von der Alltagssprache allerdings nicht in hinreichendem Maße.[58]

---

[56] Ebd., S. 638.
[57] Vgl. BURDORF, DIETER, 2. Aufl., 1997, S. 1.
[58] Ebd., S. 10/11.

Dagegen macht die Versstruktur, unabhängig von inhaltlichen Fragen, ein Gedicht von einem Prosatext unterscheidbar. Nach einem neueren gattungspoetischen Definitionsversuch hat jedes Gedicht folgende zwei Eigenschaften:

- »Es ist eine mündliche oder schriftliche Rede in Versen, ist also durch zusätzliche Pausen bzw. Zeilenbrüche von der normalen rhythmischen oder graphischen Erscheinungsform der Alltagssprache abgehoben.
- Es ist kein Rollenspiel, also nicht auf szenische Aufführung hin angelegt.«[59]

Zu dieser »Minimaldefinition« kommen noch eine ganze Reihe von Eigenschaften hinzu, die bei vielen, aber nicht bei allen Gedichten zu beobachten sind, beispielsweise

- grammatische Abweichungen von der Alltagssprache, vor allem *Reim* (Paarreim, Kreuzreim, umarmender Reim, weiblicher und männlicher Reim) und *Metrum* (= Versmaß, legt Hebungen/betonte Silben und Senkungen/unbetonte Silben fest); klangliche Besonderheiten (Lautmalerei); Verformungen der Wortgestalt; unübliche Wortstellung (Inversion), ...
- die relative Kürze des Textes
- die unmittelbare Ansprache des Lesenden, Direktheit der literarischen Kommunikation
- ein besonders verdichteter, durch Wiederholungen (Leitmotive) und gezielte Variationen gekennzeichneter Wortgebrauch; eine große Bedeutung der Bildlichkeit (Metapher, Allegorie, Symbol).[60]

In einem Gedicht wird die Aussage oder Nachricht des Autors nicht durch einen Erzähler mitgeteilt. Stattdessen gibt es ein »lyrisches Ich«, das sein »inneres Erleben [...] so zum Ausdruck bringt, dass ›gleichgestimmte‹ Gemüter in die Lage versetzt werden, mit den Versen ›mitzuschwingen‹ und das Gesagte ›nach zu erleben«.[61]

Elfchen sind Gedichte mit elf Wörtern, mit einer festen Form und Struktur. In einem Elfchen wird einem Gedanken oder einem Bild Ausdruck verliehen.

Um ein Elfchen zu schreiben, muss man zunächst einmal nur bis elf zählen können, doch außerdem muss man die richtigen Wörter auswählen können, und u. a. müssen die Wörter, mit denen man Bilder oder Gedanken formuliert, auf eine ganz besondere Weise angeordnet werden. Denn nicht durch die Anzahl der Wörter entsteht schon ein Elfchen, das den Namen Gedicht verdient, sondern erst durch die Auswahl und besondere Anordnung der Wörter. Ein Elfchen hat somit auch sehr viel mit »Wortstellung« zu tun.

Beim Schreiben der Elfchen müssen die verwendeten Worte dann genau gewählt und abgezählt werden. Ist nur ein einziges Wort zu viel da, muss es

---

59 Ebd., S. 20/21.

60 Vgl. Burdorf, Dieter, 2/1997, S. 21.

61 Vgl. Lange, Günter (u. a. Hg.), 1998, S. 622.

gestrichen oder der Satz umformuliert werden. »Das Ganze ist sprachliche Arbeit auf engstem geistigen Raum. Und die macht auch noch Freude!«[62] Es entstehen meist keine vollständigen Sätze, wie sonst beim Erzählen, sondern eher skizzierte Eindrücke. »Und wenn ein solcher Kürzesttext glücken soll, dann wird das wichtigste Wort bis zum Ende aufgespart.«[63]

Was ein Kind zu sagen hat, ist seine Sache; wie es etwas sagt, kann es lernen, deshalb sollten Elfchen nicht nur entworfen und einfach so hingeschrieben, sondern auch ausgearbeitet und überarbeitet werden, dass Poesie nicht nur vom Einfall lebt, sondern von der Arbeit, die Ausdruck schafft.

Die Gedichtform Elfchen erscheint als Einstieg in eigenes, kreatives Schreiben aus mehreren Gründen geeignet. Durch die Beschränkung auf nur elf Wörter wird mit überschaubarem Wortmaterial gearbeitet. Es ist sehr wichtig, kurze kleine Texte zu verfassen und das Elfchen-Schema bietet hierfür den passenden Rahmen. Es ist eine gute Kombination von kreativem Freiraum und festgelegtem Rahmen. Die strenge äußere Form gibt den Kindern Sicherheit, nichts falsch machen zu können und nimmt die Angst vor dem Versagen. Außerdem hilft der feste Rahmen, sich aus einer Vielzahl von Möglichkeiten für eine zu entscheiden, diese herauszukristallisieren und sich auf das Wesentliche zu beschränken. Beim ersten Kontakt mit dem Elfchen steht vielleicht Irritation (Was bedeuten die Linien? Hat es etwas mit Elfen zu tun?). Dadurch kann eine neugierige Schreibhaltung angebahnt werden. Außerdem fördern kreative Methoden wie das Schreiben von Elfchen die Schreibmotivation und die Freude am Schreiben. Es werden hier sowohl die Imaginationsfähigkeit als auch die Sensibilität gegenüber dem sprachlichen Ausdruck geschult und gefördert.

(2) Aspekt: Sozialkompetenz

- Beim gemeinsamen Schreiben des ersten Elfchens müssen die Schüler Gesprächsregeln beachten und einhalten (strecken, andere aussprechen lassen …) sowie Kompromissbereitschaft üben (sich auf bestimmte Wörter einigen).
- Bei der gegenseitigen Beurteilung sollten die Schüler lernen, konstruktive Kritik zu äußern und nicht beleidigend zu werden oder andere zu verletzen.
- Des weiteren müssen die Schüler auch lernen, die geäußerte Kritik aufzunehmen und richtig mit ihr umgehen zu können.
- Diejenigen Schüler, die dies möchten, können vor der Klasse auftreten und ihr Elfchen vortragen.

(3) Aspekt: Moralkompetenz

Die Schüler sollten mit dem bereitgestellten Arbeitsmaterial (Schmuckblätter, evtl. Wörterbücher) ordentlich und sorgsam umgehen (pfleglicher Umgang mit Sachen).

---

62 Vgl. Menzel, Wolfgang, 1998, S. 2.

63 Ebd., S. 2.

(4) Aspekt: Methodenkompetenz

- Die Schüler sollen durch den stummen Impuls angeregt werden, Wörter zum Thema »Sommer« zu nennen (Reaktion auf nonverbale Signale).
- Die Schüler können Wörterbücher verwenden, wenn sie bei der Wortsammlung oder dem Schreiben der Elfchen Hilfe/Unterstützung brauchen (Umgang mit Wörterbüchern).

2.4 Zum Arrangement

Das Arrangement umfasst die gesamte Verlaufsgestaltung des Unterrichts, wozu besonders drei Reflexions- und Entscheidungsdimensionen als bedeutsam begriffen werden – die über Methoden, über Medien und über Sozialformen.

(1) Einstieg

Methoden
Zu Beginn der Stunde werden die Kinder vom Lehrer begrüßt. Die Tafel wird aufgeklappt, um ein Sommerbild als stillen Impuls zu nutzen. Das Sommerbild ist auf einen gelbfarbenen Fotokarton geklebt. Die warme Farbe im Hintergrund soll die Wirkung des Sommerbildes unterstützen.

Bevor Äußerungen der Schüler/-innen entgegengenommen werden, wartet der Lehrer etwas ab, damit alle Kinder das Bild in Ruhe betrachten können.

Daraufhin erhalten die Schüler/-innen die Aufgabe, Wörter, die ihnen zum Thema *Sommer* einfallen, zu nennen.

Diese werden gesammelt und vom Lehrer an der Tafel mitgeschrieben. Dabei werden Substantive, Verben und Adjektive räumlich getrennt aufgeschrieben, um gleich eine übersichtliche Wortsammlung an der Tafel zu bekommen.

Für den Einstieg ist eine Dauer von 10 Min. vorgesehen (11.05 Uhr – 11.15 Uhr).

Medien
Als Medien dienen hier die Tafel und das Sommerbild.

Sozialformen
Die Zusammenarbeit zwischen den Schüler/-innen und dem Lehrer findet in Form von einem offenen Frontalunterricht statt.

(2) Erklärung/Beispiel

Methoden
Mit dem Overheadprojektor wird das Schema des Elfchens angezeigt und mit den Kindern erarbeitet, dass jede Linie für ein Wort steht. Die Schüler/-innen erhalten hier die Information, wie ein Elfchen aufgebaut ist.

Eventuell können sich noch Kinder an die Struktur der Elfchen erinnern; dann könnte gemeinsam festgestellt werden, dass Elfchen aus 11 Wörtern bestehen, die sich nicht reimen.

Dann wird mit Hilfe der Wortsammlung an der Tafel gemeinsam ein Elfchen geschrieben, indem ein Kind am Overheadprojektor die besten Ideen der anderen mitnotiert.

Der Lehrer kann hier beratend zur Seite stehen.

Die Schüler/-innen haben die Möglichkeit, sich gegenseitig zu verbessern oder zu beraten und Kritik zu üben.

Das gemeinsam erarbeitete Beispiel bleibt während der nun folgenden Übungsphase am Overheadprojektor weiterhin sichtbar, damit die Kinder, wenn nötig, nochmals nachsehen können. Sie können somit selbst die Kontrolle führen und sind nicht auf den Lehrer angewiesen.

Für diese Phase ist eine Dauer von 8 Min. eingeplant (11.15 Uhr - 11.23 Uhr).

Medien
Folie und Overheadprojektor.

Sozialformen
Auch hier arbeiten Schüler/-innen und Lehrer in Form von Frontalunterricht zusammen.

(3) Übung

Methoden
Der Lehrer erteilt den Schüler/-innen nun den Arbeitsauftrag, dass jeder ein Sommer-Elfchen schreiben soll.

Jedes Kind schreibt in Einzelarbeit sein eigenes Elfchen auf ein Arbeitsblatt mit der vorgegebenen Struktur. Die Anweisungen sind auf dem Arbeitsblatt bewusst in derselben Weise wie bei der vorhergehenden Folie gehalten, um den Kindern den Einstieg in die Einzelarbeit nicht durch begriffliche Unsicherheiten zu erschweren.

Schnellere Schüler/-innen können dann bereits leise den Vortrag des Gedichtes üben, während andere noch mit Schreiben beschäftigt sind.

Auch hier gilt der Lehrer als Berater und gibt Hilfen, falls es nötig sein sollte.

Für die Übung werden 10 Min. eingeplant (11.23 Uhr - 11.33 Uhr).

Medien
Als Medien sind in dieser Phase Arbeitsblätter und Tafel vorgesehen.

Sozialformen
Die Schüler/-innen arbeiten hier, wie schon erwähnt, in Einzelarbeit.

(4) Gedichtvortrag

Methoden

Einzelne Schüler/-innen dürfen nach vorne kommen und ihr Elfchen vortragen.

Mit Kärtchen, auf denen ein lachendes Smily-Gesicht oder ein neutrales Gesicht abgebildet ist, können die übrigen anschließend sagen, ob ihnen das vorgetragene Elfchen gut oder weniger gut gefallen hat, wobei das lachende Gesicht für die Beurteilung: »sehr gut« und das neutrale Gesicht für »ganz o. k.« steht. Die Karten erleichtern den Kindern eine Stellungnahme zur Qualität des Gedichts, die sie intuitiv treffen, und doch werden schwache Schüler durch das neutrale Gesicht nicht demotiviert.

Es erfolgt dadurch eine gegenseitige Kontrolle der Schüler/-innen untereinander, sie nehmen Kritik und Bewertung zunächst selbst vor.

Nach dem Vortragen der Gedichte und der gegenseitigen Wertung durch die Schüler/-innen spricht der Lehrer über Positives und Negatives. Er gibt sozusagen pädagogische Rückmeldung, Feed-back zum Gelernten und Erarbeiteten.

Für diesen Schritt ist eine Zeit von 7 Min. vorgesehen (11.33 Uhr - 11.40 Uhr).

Medien

Arbeitsblätter und Kärtchen mit lachenden und neutralen Gesichtern.

Sozialformen

Der Gedichtvortrag wird von den Kindern einzeln vorgenommen, die Bewertung erfolgt dann aber in der Gruppe.

(5) Schmuckblatt

Methoden

Durch den Gedichtvortrag werden die Schüler/-innen Anregungen für neue Ideen erhalten, die sie in ihr eigenes Elfchen mit aufnehmen können.

Deshalb erhalten die Kinder nun vom Lehrer die Möglichkeit, ein neues oder überarbeitetes Elfchen aufzuschreiben.

Im Anschluss daran sollen sie ihr gelungenstes Elfchen auf das farbige Schmuckblatt übertragen und mit Verzierungen gestalten und verschönern.

Das Schmuckblatt ist so angelegt, dass anhand der Striche die Anzahl der Wörter in jeder Zeile vorgegeben wird.

Für schnellere Schüler/-innen steht ein zweites Schmuckblatt zur Verfügung, das sie gegebenenfalls mit einem weiteren Elfchen beschriften können.

Hierfür werden 10 Min. eingeplant (11.40 Uhr - 11.50 Uhr).

Medien

Arbeitsblätter und bunte Schmuckblätter.

Sozialformen

Die Schüler/-innen arbeiten in dieser Phase allein.

(6) Alternativen für den Unterrichtsverlauf

Als Ausgangspunkt für die Wortsammlung wurde ein Sommerbild als Impuls gewählt.

Gerade im Anfangsunterricht könnte als Einstieg auch eine Phantasiereise durchgeführt werden, die Kinder zum Thema *Sommer* hinführen könnte. In der Phantasiereise auftretende Assoziationen könnten die Schüler/-innen dann in ihren Elfchen verarbeiten.

Auch Gegenstände zum Thema *Sommer,* die mehrere Sinne ansprechen, könnten die Wortsammlung im Anfangsunterricht anleiten und eine ganzheitliche Wahrnehmung ermöglichen.

Als Vorbereitung für das Schreiben von Elfchen könnte man die Schüler/-innen auch einen ganz kurzen Text (max. 20 Wörter) zum Thema *Sommer* notieren lassen. Nach dem Elfchenschema könnte daraus durch Streichungen und Umformulierungen ein Elfchen gemacht werden.

3. GEPLANTER VERLAUF

Phase/Zeit	Lehr-Lern-Aktivität	Sozialformen	Medien	Kommentar
Einstieg 11.05–11.15 (10 Min.)	Lehrer begrüßt die Kinder. Sommerbild an der Tafel dient als stummer Impuls. → Schüler nennen Wörter, die ihnen zum Bild einfallen. Lehrer notiert die Wortsammlung an der Tafel.	Offener Frontalunterricht	Tafel, Sommerbilder	Das Bild dient der Motivation. Genannte Worte nach Wortarten sortieren.
Erklärung/ Beispiel 11.15–11.23 (8 Min.)	Die Struktur des Elfchens wird auf der Folie gezeigt. → S. vermuten, was es mit der Struktur auf sich hat. Im Gespräch wird das Elfchen erklärt. S. nennen Worte, aus denen ein Elfchen als Beispiel auf der Folie entsteht und von einem Schüler mitnotiert wird.	Frontalunterricht	Folie, Overheadprojektor	L. achtet auf korrekte Wortstellung und gute Anordnung der Wörter.
Übung 11.23–11.33 (10 Min.)	L. gibt Arbeitsanweisung, dass jeder S. nun ein Sommer-Elfchen schreiben darf. → S. schreiben ihr eigenes Elfchen. S. können leise den Vortrag ihres Gedichts üben.	Einzelarbeit	Blatt, Tafel, Wörterbücher	S. dürfen auch Wörterbücher zu Hilfe nehmen. Differenzierung: Während schnellere S. den Vortrag ihres Elfchens üben, kann der L. schwächeren S. beratend zur Seite stehen.

Phase/Zeit	Lehr-Lern-Aktivität	Sozial-formen	Medien	Kommentar
Gedicht-vortrag 11.33–11.40 (7 Min.)	Einige S. kommen nach vorn und lesen ihre Elfchen vor. S. beurteilen die Gedichte mit Hilfe der Kärtchen. L. spricht nach dem Gedicht-vortrag und der Wertung durch die S. über Positives und Negatives des Gedichts.	Gedicht-vortrag	Blatt, Kärtchen mit Ge-sichtern	Der Vortrag ist kein »Muss«, nur die S., die auch vortragen wollen. Nur konstruktive Kritik zulassen.
Schmuck-blatt 11.40–11.50 (10 Min.)	L. gibt Arbeitsanweisung. S. übertragen ihr (verbessertes) Elfchen auf das Schmuckblatt und verzieren es. S. können evtl. ein zweites Elfchen schreiben.	Einzel-arbeit	Blatt, bunte Schmuck-blätter	Differenzierung: schnellere Schüler können weitere Elfchen schreiben.

4. ANLAGEN

(1) Arbeitsblatt »Elfchen«

Aufgabe 1
Schreibe ein Elfchen über den Sommer!
Beginne jede Zeile mit einem großen Buchstaben!

Wie es ist: ______

Sache: ______ ______

Was/Wo es ist: ______ ______ ______

Etwas über dich (mit »Ich« beginnen): ______ ______ ______ ______

Abschließendes, wichtiges Wort: ______

Aufgabe 2
Schreibe noch ein anderes Elfchen über den Sommer!

______

______ ______

______ ______ ______

______ ______ ______ ______

______

(2) Tafelanschrieb

	Sommer	
warm hell, sonnig heiß, grün schwül, nass süß, lecker	(Sommerbild) baden, planschen, grillen, spielen, schwimmen barfuß laufen, schwitzen wandern, eincremen trinken, naschen	Sonne, Urlaub Ferien, Strand, Himmel, Wolken Strohhut, Sonnenbrand Sonnencreme Badeanzug, Grill Schwimmbad Gewitter

(3) Beispiele für Sommer-Elfchen

Golden
Der Sand
Am weiten Strand
Ich baue große Sandburgen
Urlaub

Erfrischend
Das Wasser
Spritzt und Platscht
Im Schwimmbad sein, Planschen
Ferien

Blau
Der Himmel
Sonne scheint warm
Im Freien sein, spielen
Sommer

Rot
Die Himbeere
Schmeckt herrlich süß
Zergeht auf meiner Zunge
Erntezeit

(4) Schmuckblatt

____

__________ __________

__________ __________ __________

__________ __________ __________ __________

____

5. LITERATUR

BÖSEKE, HARRY, 1999, Spiele mit Worten, Seelze

BURDORF, DIETER, 2. Aufl., 1997, Einführung in die Gedichtanalyse, Stuttgart/ Weimar

HASSENSTEIN FRIEDRICH, Gedichte im Unterricht, in: LANGE, GÜNTER (u. a. Hg.), 1998, Taschenbuch des Deutschunterrichts, Literaturdidaktik, a. a. O.

LANGE, GÜNTER (u. a. Hg.), 1998, Taschenbuch des Deutschunterrichts, Literaturdidaktik. Band 2, Baltmannsweiler

MENZEL, WOLFGANG, 1998, Schreiben mit poetischen Spielregeln, in: SCHIRMCHEN & CO. Pusteblume Zeitung Nr. 1/98

MINISTERIUM FÜR KULTUS UND SPORT BADEN-WÜRTTEMBERG (Hg.), 1994, Bildungsplan Grundschule Baden-Württemberg, Villingen-Schwenningen

OSSNER, JAKOB (Hg.), 1994, Deutschunterricht für Kinder in der Grundschule, Frankfurt am Main

SCHUSTER, KARL, 9. Aufl., 2001, Einführung in die Fachdidaktik Deutsch. Baltmannsweiler

8.2 Hauptschule/Sekundarstufe I: *Analyse von Werbung*

1. DATEN

Termin:	Montag, 15.07.02; Dienstag, 16.07.02
Lehrpersonen:	SIMON LEINMÜLLER
(Planungsteam)	LUDWIG GMEINDER
	KATTRIN LIEHNER
Schule:	TT
Klasse:	8
Fach:	Deutsch (fächerübergreifend mit Gemeinschaftskunde)
Stunde:	2. bzw. 3. Unterrichtsstunde
Thema:	Analyse von Werbung
Lernziel:	Aufbau, Strategien und Eigenschaften von Werbung kennen

2. VORÜBERLEGUNGEN

2.1 Zum Thema

Kinder und Jugendliche werden heute besonders umworben. Im Gegensatz zu früher existiert heute aufgrund der großen Produktpalette eine nach Zielgruppen orientierte Werbung. Sie nutzt dabei Erkenntnisse der Jugendforschung.

- Jugendliche können selbstständig über ihr Taschengeld verfügen.
- Jugendliche haben ein Konsumpotential von ca. 9 Mrd. Euro/Jahr.
- Jugendliche haben ein ausgeprägtes Markenbewusstsein.
- Jugendliche stehen in einer Abhängigkeit zu ihrer Peergroup und Clique.
- Jugendliche werden durch Product Placements im Zusammenhang mit Kinofilmen (z. B. *Herr der Ringe*) angesprochen.

Eine Abstinenz von der Werbung ist nicht möglich und nicht gewollt. Man begegnet ihr täglich, z. B. auf Einkaufstüten, Zeitschriften und Prospekten.

Die Aufgabe der Werbung besteht heute nicht mehr so sehr darin, über ein Produkt zu informieren. Werbung spiegelt Emotionen und Zugehörigkeitsgefühle, mit denen sich Schüler gerne identifizieren.

Werbung hat eine vielschichtige Bedeutung, u. a. für das marktwirtschaftliche System. In der Werbung spiegeln sich viele Prinzipien der Psychologie, Konsumforschung und Medienwelt.

Für *Pepsi Cola* wirbt beispielsweise BRITNEY SPEARS. Und Gummibärchen werden mit dem Promi GOTTSCHALK umworben. Im Unterbewusstsein wird bei Jugendlichen oft nicht zwischen Werbung und Wirklichkeit unterschieden. Den SchülerInnen wird suggeriert, durch den Kauf des jeweiligen Produktes jene positiven Eigenschaften erwerben zu können, die sie an den prominenten Werbeträgern erleben.

Es wäre daher interessant, im Rahmen des Unterrichts zu untersuchen:

- Macht z. B. *Pepsi Cola* so schlank, wie es von BRITNEY SPEARS dargestellt wird, gibt die *Marlboro* die Freiheit und den Männermythos, den die Werbung darstellt? Ist *Danone* Joghurt wirklich gesünder?
- Die suggestive Wirkung von Werbung ist den Schülern zu verdeutlichen. Werbung sollte kritisch betrachtet werden. Speziell ist noch interessant, mit welchen Reizen (Fitness, Coolness, Gesundheit, Anerkennung, Glück und Schönheit) die Werbung arbeitet und mit welcher Masche sie versucht, zum Kauf des Produktes zu bewegen.
- Welche Dimensionen der Suggestion gibt es? Mit welchen Mitteln arbeitet die Werbung? Erst wer diese kennt, kann Werbung kritisch betrachten.
- Sehr wichtig für den Vertrieb ist natürlich, dass das teuer umworbene Produkt nicht in Vergessenheit gerät. Welche Möglichkeiten gibt es, um dies zu verhindern (z. B. *Milch macht müde Männer munter*)?

Werbung spiegelt auch die Wertorientierung unserer Gesellschaft und Lebensstile Einzelner wider. Lifestyle-Werbung wird immer wichtiger. Die Produkte gleichen sich an. Nur durch die in der Werbung vermittelten Lebensstile und -gefühle werden verschiedene Zielgruppen und Lifestyles angesprochen und verstärkt. So trinkt der naturbewusste Mensch nach der Werbung *Öko Caro-Kaffee*, die erfolgreichen Jungunternehmer *Krönung light* von Jacobs.

Werbung lässt sich wegen ihrer Komplexität und aktuellen Erscheinungen nicht nur kurz nach Lehrplan und auch nicht in einer Unterrichtsstunde abhandeln. Werbung ist vielschichtig und weist viele Dimensionen auf, z. B. (vgl. auch unten den Raster)[64]:

- **Werbemarkt**
  - Ausgaben für Werbung
  - Was investieren Firmen?

- **Werbeformen**

- **Zielgruppe Kids**
  - Was will Werbung bei Kids erreichen?
  - Mit welchen Mitteln arbeitet Werbung?
  - Was macht Kids für Werbung interessant?
  - Kaufbeeinflusser und Markendurchsetzer
  - Einstellung zur Werbung
  - Medienbesitz und Mediennutzung

- **Lebenswelten und Konsumwelten**
  - Die Jugend, das unbekannte Wesen
  - Wertorientierungen
  - Lebenssinn

---

[64] R. LANGE/J. R. DIDSZUNWEIT: Kinder, Werbung und Konsum, 1997.

- Lebensstile und Lebensformen
- Die Macht der Clique
- Kids und Markenbewusstsein

- **Wer hat, der hat - Einstellungen zu Konsum**

- **Marktforschung und Kids**
  - Was macht Marktforschung?
  - Markt- und Mediaforschung
  - Marktforschungs-Beispiele

- **Werbewirkung und Kaufverhalten**
  - Wie wird Werbewirkung gemessen?
  - Wie entsteht eine Kampagne?

- **Alltag, Aufgaben und Berufe in einer Werbeagentur**
  - Der Arbeitsablauf in einer Werbeagentur
  - Alltag einer Werbeagentur
  - Aufgaben einer Full-Service-Agentur
  - Berufe
  - Wege in die Werbung
  - …

Sinnvoll wäre es nach unserer Meinung, Werbung innerhalb eines *Spiral-curriculums* und *fächerverbindend* zu unterrichten (z. B. im Verbund der Fächer Deutsch, Kunst, Politik und Musik). Das *Thema Werbung* im Unterricht sollte nach Möglichkeit schon in der Grundschule behandelt werden. So werden die SchülerInnen schrittweise an das Thema herangeführt. Dadurch lässt sich möglicherweise ein komplexer Sachverhalt nach und nach begreiflich machen. Die Werbung hat sicherlich eine große Bedeutung im Gegenwarts- und Zukunftsleben der Schüler, stellt ein Thema dar, um dessen Behandlung Schule und Unterricht schlechterdings nicht herumkommen.

Dimensionsliste[65]

Immaterielle Erlebnisse	Widerspiegelung in Werbung
Abenteuer, Traum, Phantasie, Wunschwelt, Zauber, Paradies, Alltagsenthebung, Überraschung	Bild: Fremdes Land, Exotik, Phantasiewelt, Traumwelt, Irreales Text: Abenteuer, abenteuerlich, traumhaft, paradiesisch, zauberhaft, mystisch
Sportlichkeit, Fitness, Aktivität, Belebung, Lebendigkeit, Gesundheit	Bild: Sportszenarien, Sportereignisse Text: Sportlichkeit, sportlich, lebendig, kraftvoll, aktiv, dynamisch, Bewegung
Schönheit, Jugendlichkeit, Alterslosigkeit, Attraktivität	Bild: Junge, gut aussehende Menschen Text: Schönheit, schön, jugendlich, attraktiv
Komfort, Bequemlichkeit, Entspannung, Gemütlichkeit, Behaglichkeit, Zufriedenheit, Wohlbefinden, Erholsamkeit, Muße, Erleichterung, Entspannung	Bild: entspannte Menschen, Freizeit, Müßiggang, Hobbys Text: komfortabel, Entspannung, entspannt, erholsam, arbeitssparend
Spaß, Vergnügen, Fröhlichkeit, Lebensfreude, Leichtigkeit, Unbeschwertheit, Optimismus	Bild: lachende, fröhliche Menschen; Partys, festliche Atmosphäre Text: Spaß, Vergnügen, optimistisch
Natur, Natürlichkeit, Reinheit, Sauberkeit, Frische, Genuss	Bild: Naturszenerie, perlendes Obst, genießerische Mimik der Person Text: Natur, Natürlichkeit, ursprünglich, rein, sauber, gründlich, frisch, »Genießen Sie!«
Geselligkeit, Zugehörigkeit, Gemeinschaft, Solidarität, Kontakt, Kommunikation	Bild: Aufeinander bezogene Gruppe von Menschen, Gesprächssituation, gesellige Runde Text: Gehören Sie dazu, im Kreise von, gemeinsam
Liebe, Zweisamkeit, Zärtlichkeit, Vertrauen, Zuneigung, Sympathie, Harmonie, Annerkennung	Bild: Menschen, die sich anlächeln, berühren; harmonische Familienatmosphäre, Herz Text: Liebe, liebevoll, zart, soft, gefühlvoll, Gefühl, harmonisch, treu
Sinnlichkeit, Erotik, Sex	Bild: sinnliche, entrückte Mimik; nackte Körper, Dessous, Liebesspiel Text: anziehend, begehrenswert, prickelndes Verlangen, Erotik
Glück, Erfüllung	Bild: Jubel, Freudenstrahlen, Entzückung Text: glücklich, am Ziel, im siebten Himmel

[65] Nach M. Supper, Der heimliche Lehrplan, 1999.

2.2 Zur Situation und den Bedingungen

(1) Situative Bedingungen

Schulart
Die Unterrichtsstunde wird in der Klasse 8c der Hauptschule TT gehalten. Der Hauptschule sind nach dem Bildungsplan von Baden-Württemberg bestimmte Aufgaben zugeteilt. Sie soll vor allem eine allgemeine Bildung als Basis für eine Berufsausbildung vermitteln. Im Speziellen sind dies die Vermittlung von Grundkenntnissen und praktischen Fertigkeiten sowie die mögliche Befähigung zur theoretischen Durchdringung lebensnaher Probleme.

Die Schüler/-innen sollen von konkreten Tätigkeiten über bildhafte, schematische und modellhafte Darstellungsformen dahin gelangen, abstrakte Inhalte zu verstehen und diese zu transferieren.

Schule
Neben der Schule TT ist im selben Areal auch die Realschule zu finden. Die Schüler/-innen kommen aus Tettnang und den angrenzenden Gemeinden und sind kleinstädtisch oder ländlich geprägt. In der Regel ist dort der schwäbische Dialekt im Unterricht in Einflüssen hörbar.

Auf den einzelnen Stockwerken der Schule sind jeweils 2 Tageslichtprojektoren, die vor den Kopierräumen abgestellt sind. Kopiergeräte dürfen nur von Lehrer/-innen benutzt werden, von Studierenden nur mit besonderer Genehmigung. Audiovisuelle Geräte sind auf jedem Stockwerk in separaten Räumen abgestellt und sind nur für Lehrkräfte zugänglich.

Materialien für den Unterricht, wie beispielsweise Klebstoff, Scheren, Tonpapier, können bei der Sekretärin abgeholt werden.

Im obersten Geschoss befinden sich das Lehrerzimmer, das Rektorat, ein Konferenzraum und die SMV-Ecke.

Im Konferenzraum und im Lehrerzimmer sind Bücher, Materialien und Medien vorhanden, jedoch nur in geringem Umfang. So sind nur die gängigen Nachschlagewerke wie die Dudenreihe, Atlanten etc. vorhanden.

Ein fix zugeordnetes Klassenzimmer existiert für keine Klasse. Die Klassen wechseln für die meisten Stunden ihre Zimmer. So ist es beispielsweise nicht möglich, eine projektausgerichtete Unterrichtseinheit mittels Plakaten, Stellwänden in nur einem Klassenraum fest zu etablieren. Lediglich die Aula bietet Raum und Stellwände für solche Vorhaben.

Klasse
Die Klasse 8c hat 26 Schülerinnen und Schüler. Die Klasse ist mit vielen Sozialformen vertraut, da im Fach Deutsch mehrmals Studierende während ihrer Tagespraktika unterrichteten und mehrere Sozialformen im unterrichtlichen Geschehen einsetzten. Dadurch sind die Schüler/-innen offen für neue Methoden und Medien.

Die Schüler sind durch entsprechend ausgewählte ansprechende Materialien schnell zu motivieren.

In den Unterrichtsstunden kann auf ein Thema zurückgegriffen werden, welches bereits in einem anderen Fachgebiet - auch in einer zurückliegenden Klassenstufe - behandelt wurde. Durch Impulsfragen können bereits behandelte Inhalte wieder in Erinnerung gerufen und in die aktuelle Stunde mit eingebunden werden.

Der Bildungsauftrag für das Fach Deutsch betont die vorrangige Stellung der deutschen Sprache für dieses Fach. Die Sprache als zentraler Unterrichtsgegenstand und als Unterrichtsprinzip ist in drei Teilaspekte unterteilt. Neben der Sprache als wichtigstem Mittel der Welterfassung, als differenziertestem Mittel zwischenmenschlicher Kommunikation ist zudem die Sprache als umfassendstes Mittel genannt, sich Welten auszumalen und sich neue vorzustellen.

In unserer Unterrichtsstunde »Werbung« steht der Arbeitsbereich »Literatur, Texte und andere Medien« nach dem Bildungsplan im Vordergrund.

Ein weiterer Verknüpfungspunkt ist der Arbeitsbereich des Fachlehrplans Gemeinschaftskunde »Das marktwirtschaftliche System der BRD Teil 1 - Grundzüge«. So kann in Kooperation mit Gemeinschaftskunde diese Unterrichtsstunde verbunden werden.

(2) Epochale Bedingungen

Zeitsignaturen

In der heutigen multimedialen Gesellschaft ist es wichtig, sich mit Werbung - ihrem Wesen, ihren Strategien, ihren Inhalten und ihren Zielgruppen - differenziert auseinander zu setzen. Die Schule ist der einzig qualifizierte Ort, an dem die Fähigkeiten, sich differenziert mit Werbestrategien und -methoden auseinander zu setzen, erworben werden können. Die Werbung fließt in viele Lebensbereiche alltäglich ein und wir sind stets konfrontiert mit Werbeslogans, die uns auffordern, uns einem bestimmten Produkt mit Interesse und mit Kaufwunsch zuzuwenden.

Speziell in unserer marktwirtschaftlich begründeten Gesellschaft ist es unerlässlich, Tendenzen, Methoden, Inhalte und Wirkungsweisen von Werbung erkennen, analysieren und bewerten zu können. Ob an den Litfasssäulen und Plakatwänden in den Straßen, den Werbeanzeigen der Printmedien oder den so genannten Pop-up-Fenstern des Internets, wir begegnen jeden Tag einer Unmenge von Werbung, die versucht, uns von dem Glücksgefühl durch den Kauf bestimmter Waren zu überzeugen.

Erkenntnisstand der Wissenschaften

Die Auffassung der 70er Jahre im letzten Jahrhundert, Werbung manipuliere die Gesellschaft, ist heute nicht mehr haltbar. Bettina Hurrelmann weist zu Recht darauf hin, dass die heutigen Rezipienten der Werbung keineswegs mehr naiv begegnen, sondern Werbung aktiv erwarten und sogar umworben werden wollen.[66]

---

[66] Vgl. Hurrelmann; in PD 163, 2000, S. 17.

»Gerade für Jugendliche und junge Erwachsene – vom Alter her die Hauptzielgruppe der Werbung – habe Werbung daher eine geradezu ›existenziell‹ wichtige Funktion«.[67]

Angeblich sollen nur 5 % der angebotenen Werbeinformation in Printmedien überhaupt Aufmerksamkeit finden. Zwar sind Überlegungen zur Manipulation notwendig, doch sind sie reduziert auf ein relativ einfaches Reiz-Reaktionsschema. Hierbei wird nicht beachtet, dass die Käufer bestimmte Motive haben müssen, um sich werben zu lassen, um zu kaufen.

Werbung ist allgegenwärtig, so ist »die Ähnlichkeit der Produkte groß und das Angebot überbordend geworden«, dabei treten »soziale Orientierungen und symbolische Nutzungserwartungen filternd zwischen Kaufappell und Reaktionen«[68].

Didaktik

Werbung wird zunächst von der Funktion her definiert, Aufmerksamkeit für ein Produkt zu wecken. Das »AIDA«-Prinzip der Werbung (*Attention, Interest, Desire, Action*) kann die Funktionsweise von Reklame verdeutlichen . Als erstes soll die Aufmerksamkeit der potentiellen Kunden durch entsprechend aufgemachte Werbeplakate und/oder -anzeigen geweckt werden. Beim »Lesen« der Werbung soll das Interesse für das Produkt durch Betrachten und Interpretation geweckt werden. Ein »Sehnsuchtswunsch«, »Kaufwunsch« soll zur Kaufhandlung, der sogenannten »Action« führen. Das »AIDA«-Prinzip der Deutschdidaktik ermöglicht eine effiziente Annäherung an die Thematik und eine Analyse der Werbung. Anhand dieser vier Kriterien kann Reklame für Schüler/-innen in ihrem Bedeutungshorizont erschlossen werden und gibt ihnen so die Möglichkeit, Werbestrategien zu erkennen, Werbeaussagen in ihrem tatsächlichen Gehalt zu verstehen und kritisch zu hinterfragen.

2.3 Zu den Zielsetzungen

(1) Legitimation von Zielen

Als Lehrplangrundlage nehmen wir ausnahmsweise Bezug auf den Bildungsplan für Realschulen, der u. E. eine besonders verständliche Begründung gerade für die Behandlung dieses Themas liefert[69]: Er sieht für den dortigen Arbeitsbereich 2 (Literatur, andere Texte und Medien) des Faches Deutsch vor, dass sich die Schüler/-innen mit neuen Stoffen und Textgattungen auseinander setzen. »Durch Erweiterung und Differenzierung der analytischen und produktiven Erschließungsmethoden wird das Leseverständnis verbessert (...)«[70]. Des Weiteren wird in dieser Unterrichtseinheit gefordert, dass die Schüler sich mit »appellierenden und informierenden Texten«[71] beschäftigen.

---

67 Ebd., S. 18.
68 Ebd., S. 17.
69 Einen solchen »Blick über den Zaun« halten wir pädagogisch für gerechtfertigt.
70 Bildungsplan, 1994, S. 222.
71 Vgl. ebd.

Als Methoden zur Texterschließung werden unter anderem Gliedern, Schlüsselbegriffe suchen, wichtige Textstellen und deren Verknüpfungen herausarbeiten, Motive und Bilder genannt. In Verknüpfung mit dem Arbeitsbereich 2 des Faches Gemeinschaftskunde (Das marktwirtschaftliche System der BRD Teil 1 - Grundzüge) ist der Unterrichtsgegenstand »Werbung« unumgänglich.

In Gemeinschaftskunde werden unter dem Aspekt »Jugendliche als Verbraucher« die Werbung und die Auseinandersetzung der Schüler/-innen benannt. Da nicht mehr nur von einer Manipulation durch Werbung ausgegangen werden kann, sondern vielmehr von einem »Umwerbungswunsch« der Konsumenten, ist es essenziell, den Schüler/-innen aufzuzeigen, wie sie sich Werbung kritisch und kreativ annähern können.

(2) Bestimmung und Ordnung von Zielen

Die Schüler/-innen sollen sich in der Unterrichtsstunde mit Produkten und Werbung von *Schokolade* auseinander setzen. Dazu sollen sie Werbetexte und deren Strategien erkennen.

Zunächst sollen die Schüler/-innen an das Thema herangeführt und dafür noch einmal ausdrücklich sensibilisiert werden. Eine Rangliste für die Schokolade soll den Schüler/-innen helfen, sich mit Kriterien dem Werbegegenstand zu nähern und ihn zu beschreiben.

Die Präsentation der Gruppenergebnisse ist der erste Schritt zu einer kritischen Auseinandersetzung mit dem Werbeprodukt.

Die erarbeiteten Kriterien zur Analyse dienen zu Beginn der zweiten Stunde zur Analyse der Folie mit einer Werbung für eine den Kindern bekannte Schokolade. Die Kriterien helfen den Schüler/-innen, ihr zu erstellendes Produkt zu gestalten und zu präsentieren. Dazu werden sie in Fünfergruppen eingeteilt. Die Gruppen erhalten aufgabengleiche Aufträge, in dem sie eine Phantasieschokolade entwickeln und ihr eine Verpackung geben. In der Gruppenarbeit sollen die Schüler/-innen zudem eine Präsentation vorbereiten, mit der sie für ihre Schokolade werben. Innerhalb der Gruppe wird nach Arbeitsaufträgen arbeitsteilig vorgegangen. Jede Gruppe wählt eine Gruppensprecherin/einen Gruppensprecher, die/der den Arbeitsprozess anleitet und die Präsentation ihrer Werbung vorstellt. Die anderen Gruppenmitglieder beschäftigen sich mit der Gestaltung der Packung, dem Werbetext und dem Werbeslogan oder Werbejingle.

Die Schüler/-innen sollen in dieser Unterrichtsstunde mit mehreren Medien arbeiten, beispielsweise mit audiovisuellen Medien.

In diesem Prozess kreativ-analytischer Auseinandersetzung soll es den Schüler/-innen ermöglicht werden, sich auf eine Art Metaebene zu begeben und Werbung, Produkte usw. aus der Sicht der Hersteller und Werbeagenturen zu betrachten.

Am Ende der Unterrichtseinheit »Werbung« sollen die Schüler/-innen eine differenzierte und kritische Haltung gegenüber Werbung einnehmen können. Dabei soll sie der gestalterisch-kreative Umgang unterstützen.

(3) Formulierung von Zielen

- Die Schüler/-innen sollen Kriterien zur Schokoladenbeurteilung selbst formulieren und die Argumente gegeneinander abwägen. Sie sollen bei ihrer Arbeit Geschmack, Verpackung, Image und Zielgruppe berücksichtigen.
- Bei der Ranglistenerstellung sollen die Schüler/-innen Stellung nehmen, ihre Aussagen argumentativ belegen und ihr Ergebnis präsentieren.
- Die erarbeiteten Kriterien sollen die Schüler auf die Folie mit Schokolade anwenden.
- Abschließend sollen die Schüler/-innen ihr erarbeitetes und erlerntes Wissen kreativ umsetzen und eine eigene Schokolade kreieren und diese mittels einer Werbeanzeige mit Werbeslogan oder Werbejingle der Klasse präsentieren.

2.4 Zu den Inhalten

Das Thema Werbung bietet einen umfassenden und vielschichtigen Themenkomplex, der in einer Unterrichtseinheit innerhalb einer Klassenstufe sicher nie ganz erfasst werden kann. Doch Werbung als umgreifendes Kulturphänomen ist, so BAACKE, kulturell genauso institutionalisiert wie Schule, Elternhaus, Gruppen Gleichaltriger usw. Daran müsse sich unser pädagogisches Denken und das daraus resultierende Handeln gewöhnen.[72] So bietet das Thema Potentiale, die es zu nutzen gilt.

Aus dem Bereich der Werbung lassen sich Teilaspekte, Inhalte ausgliedern, die im Unterricht behandelt werden könnten (s. auch 2.1 Vorüberlegungen zum Thema):

- Geschichte, Entwicklung der Werbung
- Was ist Werbung?
- Werbeformen
- Unterscheidung/Überlegungen zu: Lebenswelt - Konsumwelt/Werberealität - Realität
- Wirkung von Werbung (als Alltagsbestandteil, Manipulation, Gruppenbildung/-abgrenzung, Identifikation ...)?
- Analyse von Werbung, Werbeprinzip (AIDA: **A**ttention, **I**nterests, **D**esire, **A**ction)
- Wer wird wie angesprochen? Zielgruppe - im Speziellen die Zielgruppe Kinder und Jugendliche? Reaktion der Jugendlichen? Imagebildung?
- Wie wird Werbung wahrgenommen und reflektiert?
- Tätigkeitsfelder im Bereich der Werbung, Alltag, Aufgaben und Berufe in einer Werbeagentur
- Analyse von Werbetexten, Text-Bild-Analyse, (Menschen-)Bilder in der Werbung, Vergleich von Werbe-Medien usw.

---

[72] BAACKE, in: LANGE/DIDSZUNWEIT, Kinder, Werbung und Konsum, 1997.

Im Rahmen einer fächerübergreifenden Bearbeitung dieses Themas ist geplant, dass verschiedene Teilaspekte in den unterschiedlichen Fächern aufgegriffen werden für eine Konkretisierung des Themas (in: Gemeinschaftskunde: Was ist Werbung? Tätigkeitsfelder, Berufe, Ablauf, Alltag in einer Werbeagentur).

Ausgehend von den Zielen wird in den geplanten Deutsch-Stunden die Analyse von Werbung auf deren Strukturen und Prinzipien hin in den Mittelpunkt gestellt. Die Analyse von Werbung gliedert sich in inhaltliche Teilaspekte:

- Produktanalyse ausgehend vom alltäglichen Umgang z. B. mit dem Produkt »Schokolade«
- Überprüfung der Ergebnisse anhand einer Anzeigenwerbung
- Vertiefung
- Verallgemeinerung
- kreativer, spielerischer, kritischer Umgang mit Werbung

Innerhalb dieses inhaltlichen Aspekts *Analyse von Werbung* tauchen einige der oben aufgeführten inhaltlichen Aspekte auf und werden integriert. So wird die Frage nach der Definition oder den Zielen und damit verbunden mit der Wirkung und Wahrnehmung von Werbung mit einbezogen. Die Analyse von Werbung wird als Ausgangspunkt genutzt, um Werbung und unseren Umgang damit kritisch zu hinterfragen.

Für Handlungskompetenz in Bereichen der Werbung sollen sich die Schüler/-innen vor allem selber, ausgehend von der Analyse von Werbung, Teilaspekte erschließen. Durch einen produktiven, kreativen Umgang mit den Inhalten können Schwerpunkte entstehen und vertieft werden.

2.5 Zum Arrangement

Als erster Anstoß/als Einstieg in das Thema soll jede/-r Schüler/-in Schokolade mitbringen. Von diesem aus, dem aus ihrem Alltag mitgebrachten »Medium«, soll die Problematisierung und Einführung in das Thema stattfinden. So wird von Alltagserfahrungen und -wahrnehmungen der SchülerInnen ausgegangen.

In einem Unterrichtsgespräch werden dann, ausgehend von den Schüler/-innenerfahrungen, Kriterien erstellt zur Analyse des Mitgebrachten. So besteht eine gegenseitige Informationsphase – Schüler/-innen informieren über ihre Vorstellungen, die Lehrperson informiert durch Zusätze und Impulsfragen. Gemeinsam werden Kriterien erstellt und geplant. Durch das gemeinsame Erarbeiten der Kriterien sollen die Schüler/-innen dem Thema fragend, kritisch entgegentreten.

Die erarbeiteten Analysekriterien werden dann in Gruppenarbeit auf die Probe gestellt. Gemeinsam werden in jeder Gruppe die unterschiedlichen Schokoladensorten analysiert, beschrieben, getestet. Über die Rangfolge und Gewichtung, die verbale Beurteilung muss in den Gruppen beraten werden. So wird die Sozialkompetenz gefördert. Die Selbsttätigkeit der Schüler wird durch die Gruppenarbeit gefordert. Die Lehrperson fungiert hier allenfalls als

Berater, falls in den Gruppen Fragen oder Probleme auftreten. Auch hinsichtlich der Präsentation muss sich die Gruppe selbst einig werden. Welches Produkt wird mit welcher Begründung zum Favoriten erklärt, wie, in welcher Form wird das Ergebnis präsentiert? Als Medien zur Präsentation sollen den Schülern Plakate, Stifte, Klebstoff usw. zur Verfügung stehen.

Die Präsentation des Gruppenergebnisses soll die inhaltliche Arbeit der Gruppe zeigen, aber auch die Schüler/-innen im Umgang mit dieser Vortragsform vertrauter machen (wobei darauf zu achten ist, dass nicht immer die gleichen Schüler/-innen vortragen). Die Klasse, aber auch die Lehrperson, soll der jeweiligen Gruppe eine Rückmeldung geben (hinsichtlich der Begründung, Überzeugungskraft, Präsentationsform usw.).

In der folgenden Stunde werden die gemeinsam erarbeiteten Kriterien wieder aufgegriffen. Anhand einer »statischen« Werbeanzeige einer bekannten Schokolade, der Lesbarkeit wegen auf Folie mit dem Overheadprojektor präsentiert, sollen die Kriterien überprüft und erweitert werden. In einem Gespräch werden die Inhalte erweitert und vertieft, Fragen aufgeworfen und über Werbung diskutiert. Anhand der Folie können der Aufbau, die Ziele, die Zielgruppe, Darstellungsmittel exemplarisch beschrieben werden.

Die Transferleistung der Schüler/-innen besteht nun darin, kritisch und mit Humor in Gruppen auf kreative, produktive Art und Weise mit Werbung umzugehen. Diese Arbeitsphase beinhaltet *Planung*, *Beratung* und *Ausführung* von Ideen, Vorstellungen und erworbenem Wissen. Die Medien sind frei wählbar und hängen von dem Werbe-Medium (Radio-, Anzeigen-, Fernsehwerbung) ab. Auch die Frage der Präsentationsform soll in den Gruppen thematisiert werden. Auch während dieser Gruppenarbeit ist die Lehrperson nur Berater. Sie soll den Schülern ermöglichen, selbstständig zu lernen, jedoch durchaus eingreifen, wenn eine Gruppe Hilfe oder Anstöße benötigt. Innerhalb dieser längeren Gruppenarbeitsphase, die über mehrere Stunden andauert, kann durch Mitschüler, durch die Lehrperson oder eine Plenums-Fragerunde eine Rückmeldung eingefordert werden (z. B. 3 mal 3 Feed-back oder Frage- und Beratungsrunde).

Im Anschluss an die Präsentation soll sich eine Reflexionsphase anschließen, wobei sowohl inhaltlich wie auch methodisch Aspekte der Vorgehensweise, Ergebnisse und eine mögliche Weiterführung besprochen werden sollen.

Das methodische Vorgehen kann als eine Art exemplarischen Lernens bezeichnet werden. Ausgehend von einem einzelnen Beispiel wird Werbung zum allgemeinen Lerngegenstand gemacht. Von dem Beispiel ausgehend werden die Ergebnisse auf ihre Allgemeingültigkeit hin geprüft. Darauf aufbauend sollen die Schüler einen Transfer schaffen, indem sie auf spielerische Art und Weise kreativ und produktiv mit dem Gegenstand Werbung umgehen und selbsttätig werden.

3. GEPLANTER VERLAUF

1. Stunde: »Bestandsaufnahme«

Zeit	Lehr- und Lernaktivitäten	Mittel	Kommentar
10 Min.	Erarbeitung von Kriterien zur Analyse/ zum Vergleich der mitgebrachten Schokolade, z. B.: Geschmack, Verpackung, Käufergruppe/Image, Werbung ...	Tafel, Unterrichts-gespräch	Impulse und Fragen zur Kriterienerarbeitung. Vgl. Teil D – Anlagen
20 Min.	Gruppenarbeit: »Analyse« der mitgebrachten Schokolade anhand der Kriterien. Innerhalb jedes Kriteriums sollen die unterschiedlichen Schokoladensorten der Gruppenmitglieder in eine verbal begründete Reihenfolge gebracht werden. Ein Gesamt-Top-Favorit soll gewählt werden und bei der anschließenden Gruppenpräsentation angepriesen werden.	Aufgaben-stellung, Schokolade, Plakate, Stifte, Kleber, usw.	Jede Gruppe hat die gleiche Aufgabe. Die Gruppen-Ergebnisse und die Präsentationen können jedoch total unterschiedliche sein.
15 Min.	Gruppen präsentieren ihren Schokoladen-Favoriten.	Gestaltete Plakate	

2. Stunde

Zeit	Lehr- und Lernaktivitäten	Mittel	Kommentar
15 Min.	Betrachtung und Beschreibung einer Werbeanzeige (für Schokolade). Anwendung und Überprüfung der am Vortag erarbeiteten Kriterien – evtl. neue Kriterien hinzufügen.	Kriterien-katalog vom Vortag (Plakat oder Tafel-anschrieb)	→ Werbeprinzip
30 Min.	Produktiver, kreativer Umgang mit Werbung: Schüler sollen eine neue Marke mit Namen, Image, ... erfinden. Sie sollen sich eine mögliche »Verpackung« ausdenken sowie eine Werbung gestalten. Hierbei ist alles denkbar: Radio-, Fernseh-, Anzeigenwerbung, Jingle, Inszenierung, ... Die Gruppenarbeit wird vermutlich weitere zwei Stunden in Anspruch nehmen. Präsentation der Ergebnisse wäre in einer Show oder Ausstellung denkbar.	Schreib- und Mal-utensilien, Zeitschriften, Radio, Auf-nahmegerät, usw.	Es bleibt den Schülern überlassen, wie sie ihr Produkt inszenieren möchten. Lehrperson berät, unterstützt.

4. ANLAGEN

(1) Mögliche Impulse für die Kriterienerarbeitung

- Welche Schokolade ist die beste?
- Woran könnte man erkennen, welche Schokolade am besten ist?
- Welche Schokolade kauft ihr euch/würdet ihr euch (nicht) kaufen?
- Welche Worte/Marke bekommt ihr geschenkt? Von wem? Warum?
- …

(2) Arbeitsauftrag für die Gruppen-Analyse der mitgebrachten Produkte (integriert auf dem Blatt mit dem Bewertungsbogen)

Testet anhand unserer Kriterien eure mitgebrachten Produkte. Tragt eure Ergebnisse in Worten formuliert in die Tabelle ein!

Welches eurer Produkte hat nun bei der Bewertung insgesamt am besten abgeschnitten?

Warum ist dieses Produkt das beste?

Präsentiert euren Favoriten den anderen Gruppen, begründet eure Wahl.

(3) Bewertungsbogen (DIN-A3-Blatt mit Aufgabenstellung)

Bewertungskriterien	Produkte				
1.					
2.					
3.					
4.					
5.					
6.					
7.					

(4) Folie mit Anzeigenwerbung für eine bekannte Schokolade

5. LITERATUR

BAUMANN, HANS D., SAHINI, ARMAN, Kauf mich! Werbewirkung durch Sprache und Schrift, Weinheim und Basel 1987

LANGE, RAINER/DIDSZUNWEIT, J. RAINER, Kinder, Werbung und Konsum, Theoretische Grundlagen und didaktische Anregungen, Offenbach 1997

MAYER, ANNA ELISABETH, Kinderwerbung - Werbekinder, Pädagogische Überlegungen zu Kindern als Zielgruppe und Stilmittel in der Werbung, München 1998

MEISTER DOROTHEE M./SANDER, UWE (HRSG.), Kinderalltag und Werbung, Zwischen Manipulation und Faszination, Neuwied/Kriftel/Berlin 1997

MINISTERIUM FÜR KULTUS UND SPORT, Bildungspläne a) für die Hauptschule und b) für die Realschule, 1994

PETERSSEN, WILHELM H., Kleines Methoden-Lexikon, 2. aktualisierte Auflage, München 2001

Praxis Deutsch, Trends, everyone is a hotspotspecies - Werbung, H 1182, September 2000

SUPPER, MICHAEL, Der heimliche Lehrplan in der Verbrauchererziehung durch Werbung und Medien, Frankfurt a. M. 1999

8.3 Realschule/Sekundarstufe I: *Die Posaune*

1. DATEN

Termin:	Mittwoch, 10.07.02 Freitag, 12.07.02
Lehrerin:	Rupp, Caroline
(Planungsteam)	Ortwein, Maria Anna Beck, Andrea Sontheim, Regina
Schule:	Georg-Mustermann-Realschule, M.stadt
Klasse:	6a
Fach:	Musik
Thema:	Die Posaune - ein Blechblasinstrument
Lernziel:	Kennenlernen der Posaune als ein Vertreter der Blechblasinstrumente

2. VORÜBERLEGUNGEN

2.1 Zum Thema

Die Posaune - ein Blechblasinstrument
Der Unterricht bezieht sich auf die Instrumentenkunde; hierbei werden die Blechblasinstrumente herausgegriffen. Als spezieller Vertreter, welcher exemplarisch genauer untersucht wird, dient die Posaune.

Die Posaune kann unter verschiedenen Gesichtspunkten betrachtet werden:
- ihre geschichtliche Entwicklung mit ihrer historischen Bedeutung sowie ihre technische Entwicklung zum heutigen Stand;
- der Tonumfang aufgrund der zugrunde liegenden Naturtonreihe sowie deren Gesetzmäßigkeiten und die Erkundung elementarer physikalischer Gesetzmäßigkeiten;
- Klassifikationselemente, aufgezeigt an dem exemplarischen Instrument Posaune: Bau, Tonerzeugung, Funktion, Spielweise, Klangcharakter, Notation;
- hörendes Erkennen und Unterscheiden von Instrumenten;
- traditionelle Spielweise auf der Posaune und im Gegensatz dazu freies Improvisieren mit der Posaune;
- Erprobung von Materialien auf Klangfähigkeit sowie der experimentelle Umgang mit Posaunen;
- Bau einfacher Instrumente, die nach dem Grundprinzip der Posaune funktionieren;
- die Posaune als ein Instrument, das affektive Erlebnisse auslöst;
- Reflexion über die Posaune als Gegenstand unserer musikalischen Umwelt.

Ein Schüler der Klasse spielt im Musikverein Posaune. Er kennt sein Instrument, kann es hier im Unterricht aber noch näher kennen lernen und seinen Klassenkameraden einen Eindruck vermitteln, warum er Posaune spielt.

Freude wecken und Interessen fördern sind als bedeutsam für den Unterricht anzusehen, zudem sollte die musikalische Erlebnisfähigkeit entwickelt werden und eine Sensibilisierung der musikalischen Wahrnehmungsfähigkeit jedes einzelnen Schülers stattfinden.

Das nähere Kennenlernen des Instrumentes Posaune zielt darauf ab, die Schüler zu motivieren, ein Instrument (vielleicht sogar die Posaune) in ihrer Freizeit spielen zu wollen und Musik als ein sinnvolles Hobby anzusehen.

Des Weiteren sollen es die Schüler wertschätzen, wenn Menschen Instrumente zu spielen erlernt haben. Wenn die Schüler in einem Instrumentenensemble mitspielen, werden ihnen über die musikalischen Erfordernisse hinaus soziale Kompetenzen abverlangt und somit gefördert.

Die aktive Auseinandersetzung mit Musik dient der Persönlichkeitsentwicklung. Verschiedene Studien lassen den Schluss zu, dass Kinder, welche ein Instrument erlernen, im Allgemeinen in anderen Fächern ebenfalls leichter lernen und bessere Leistung erbringen.

Die Schüler sollen nicht nur das heutige Instrument sehen, sondern sich auch der geschichtlichen Entwicklung bewusst sein.

Die Schüler sollen befähigt werden, Musik in ihrer Gesamtheit zu reflektieren und kritisch zu hinterfragen, der Lebensweltbezug zum täglichen Hören von Musik soll aufgezeigt werden, damit die Schüler sich zu mündigen Bürgern auch bezüglich üblicherweise unbewusst aufgenommener akustischer Umweltreize entwickeln können.

Die exemplarische Bedeutung der Posaune soll im Unterricht deutlich werden. Die Posaune wird dabei als Vertreter einer Instrumentengruppe - der Blechblasinstrumente - kennen gelernt. Erworbene allgemeine Klassifikationsmerkmale können übertragen werden, besondere hingegen werden bei der Abgrenzung der Posaune von anderen Instrumenten herangezogen. Grundlegende Erfahrungen zu Tonhöhe und Lautstärke werden gesammelt und vertieft, damit eine Übertragung möglich ist.

Das Thema kann im üblichen Fachunterricht behandelt werden. Hierfür liegen verschiedene bekannte didaktische Ansätze zur Instrumentenkunde vor:

- Handlungsorientierter Ansatz
- Beschreibender Ansatz in Verbindung mit akustisch-rezeptivem Ansatz
- Reflexiver Ansatz
- Historischer Ansatz
- (Teil-)Kulturübergreifender Ansatz
- Multimedialer Ansatz

2.2 Zur Situation und zu den Bedingungen

Situative Bedingungen

Schule/Schulart
Die geplante Unterrichtseinheit soll in einer sechsten Realschulklasse stattfinden.

Die Schule liegt in einer kleinstädtisch-ländlichen Umgebung, was sich selbstverständlich in der relativ unproblematischen Schülerklientel widerspiegelt. Es handelt sich um Kinder, die aus weitgehend intakten Familien kommen, das Einzugsgebiet kann als nicht besonders problemträchtig bewertet werden.

Neben zahlreichen im Bildungsplan (Baden-Württemberg) verankerten allgemeinen Aufgaben der Realschule (Erziehungs- und Bildungsauftrag) muss auch der Realschul-Musikunterricht im Besonderen bestimmte Aufgaben erfüllen. So gilt als oberstes Ziel, Freude an der Musik zu wecken, die musikalischen Interessen der Schüler zu fördern und zu erweitern sowie ihre musikalische Erlebnisfähigkeit zu entwickeln.

Neben dem gemeinsamen Singen, Musizieren, Tanzen, Musikhören usw. kommt auch der Vermittlung von Sachkenntnissen eine wichtige Rolle zu. So fördert der Musikunterricht gerade in den Bereichen der Instrumentenkunde und der Musikgeschichte – diesen gehört die Unterrichtseinheit zur Posaune an – die Einsicht der Schüler in das eigene Tun, ihr musikalisches Urteilsvermögen sowie ihr Verständnis für Musik in ihren vielfältigen Erscheinungsformen.

Die Bedeutung besonders der musischen Fächer hinsichtlich der Entwicklung und Entfaltung der Persönlichkeit der Schüler ist nicht zu unterschätzen. Generell wird für alle Fächer methodische Vielfalt gefordert. Der Erwerb von Handlungsfähigkeit steht dabei im Mittelpunkt.

In Bezug auf das Fach Musik ist die Schule sehr gut ausgestattet, das heißt, es gibt einen großen und einen kleinen Musiksaal, jeweils mit Klavier und mit Stereoanlage, Instrumentarium für das Musizieren im Klassenverband ist vorhanden (z. B. Orff-Instrumente).

Was die Beschaffung der Mundstücke für den Bau der Gartenschlauchtrompeten in dieser Unterrichtseinheit anbelangt, ist zu erwähnen, dass der Musiklehrer Kontakte zur städtischen Musikschule hat, die gerne bereit ist, Instrumente an die Schule zu verleihen.

Der große Musiksaal, in dem der Unterricht stattfinden soll, ist groß genug, um problemlos Tische und Stühle umstellen zu können. Auf diese Weise ist der Stuhlkreis ohne weiteres möglich. Ein Wechsel zwischen verschiedenen Sozialformen lässt sich leicht durchführen. Im Raum befinden sich zwei Tafeln: vorn im Saal eine große, bewegliche Tafel mit zwei ausklappbaren Flügeln (eine Tafelseite mit Notenlinien) und eine an der Seitenwand des Zimmers befestigte Tafel.

Allgemeine Klassensituation
Die Klasse 6 unserer Realschule hat 25 Schüler: 15 Mädchen und 10 Jungen. Während die Mädchen sich als eher ruhig und zurückhaltend erweisen,

zeichnen sich die Jungen durch ihre lebhafte und aufgeweckte Art aus. Vor allem in Phasen des Frontalunterrichts beteiligen sich die Jungen zwar reger am Unterrichtsgeschehen, sind aber auch häufiger Ursache für Disziplinprobleme.

So bieten sich offenere Lernformen an, wie beispielsweise Lernzirkel, da hier sowohl die schüchterneren Mädchen stärker zum Zuge kommen, weil sie sich in der Kleingruppe mehr zutrauen, als auch den Disziplinproblemen durch die Jungen entgegengewirkt werden kann, da diese in der Gruppenarbeit aktiv bei der Arbeit sind und Langeweile durch den evtl. eintönigen Frontalunterricht gar nicht erst aufkommt.

Die Schüler sind mit verschiedenen Sozialformen vertraut, sodass mehrfache Wechsel innerhalb einer Stunde in der Regel zügig und ohne Störungen ablaufen können.

Dadurch dass oft in Kleingruppen gearbeitet wird, sind die Schüler in der Lage, eigenständig und recht schnell Gruppen zu bilden. Besondere Außenseiter in der Klasse gibt es nicht.

Besonders wenn es um das selbstständige Erarbeiten von Sachverhalten in offeneren Lernformen geht, ist eine deutlich höhere Leistungsmotivation bei den Schülern zu beobachten.

Dem Unterricht zur Posaune kommt zugute, dass ein Schüler der Klasse seit einigen Jahren dieses Instrument spielt. Er kann seine Posaune in die Stunde mitbringen und wird vom Lehrer zum Vorspielen animiert (schon eine Woche vorher, damit er sich vorbereiten kann).

Das Vorwissen der übrigen Schüler zum Thema lässt sich als durchschnittlich einschätzen. Viele Schüler stammen aus Familien des gehobeneren Mittelstandes, einige erlernen ein Instrument oder spielen sogar im Jugendorchester der städtischen Musikschule mit. So kennen sicher alle Schüler die Posaune aus ihrer Lebenswelt außerhalb der Schule (z. B. aber auch aus dem Fernsehen, von Festen, wo Dixie-Musik o. Ä. gespielt wird, Posaunenchöre der evangelischen Kirche ...). Wohl jeder hat schon einmal eine Posaune gesehen, zumindest auf Bildern.

Auch sollte den Kindern aus der Instrumentenkunde aus Klasse 5 noch bekannt sein, dass man einzelne Instrumente bestimmten Familien zuordnen kann (Posaune - Familie der Blechbläser).

Ein detaillierteres Wissen zur Geschichte, Funktionsweise und zum Bau der Posaune ist - mit Ausnahme evtl. des Posaunisten der Klasse - mit großer Wahrscheinlichkeit neu für die Schüler.

Epochale Bedingungen

Zeitsignaturen

Aktuelle Zeitsignaturen zu berücksichtigen, ist im Musikunterricht grundsätzlich angesagt. Musikrichtungen und Trends stehen für Umformungsprozesse in unserer Gesellschaft. Man denke an Bands wie die *Rolling Stones, Beatles* u. a. Jede Zeit hat auch ihre besondere Musik. So stand MOZART für den klassizistischen und revolutionären Geist des 18. Jahrhunderts oder SCHUBERT für die enttäuschten und nach innen gekehrten Gemüter der deutschsprachigen Romantik der ersten Hälfte des 19. Jahrhunderts. Die Musik einer jeden Zeit spricht den Zeitgeist an und ist zugleich Sprachrohr der Menschen dieser Zeit.

Am Anfang des Unterrichts wird ein Schüler der Klasse ein Werk auf der Posaune vortragen. Im anschließenden Gespräch in der Klasse wird zu ergründen versucht, was das Besondere und Auffällige an diesem Posaunenstück ist und in welche Zeit dieses Werk eingeordnet werden könnte. Im Verlauf des Unterrichtes werden weitere Hörbeispiele von einer CD vorgestellt. Hierbei wird darauf geachtet, dass Beispiele aus unterschiedlichen Musikrichtungen, aber auch Zeiten gewählt werden, um der Vielfältigkeit des Instrumentes gerecht zu werden, aber auch, um unterschiedliche Epochen und deren Musik aufzuzeigen und Trends mit einzubeziehen.

Als Hausaufgabe sollen die Schüler/-innen die Musik, die sie selbst täglich hören, auf den Einsatz von Posaunen untersuchen und ihre Ergebnisse zur nächsten Unterrichtsstunde mitbringen.

Durch Lernen im *Lernzirkel* soll der zugleich selbstverständliche und respektvolle Umgang miteinander geübt und gefördert werden, somit Elemente der Kooperations- und Teamfähigkeit gefestigt werden.

Erkenntnisstand in der Fachwissenschaft

Geschichte der Posaune

Der gemeinsame Vorfahre von Trompete und Posaune ist die *Busine*, eine lange, gerade Naturtrompete, die um das Jahr 1000 aus dem Orient in das Abendland kam. Aus der mittelalterlichen Trompete in S-Form entstand im 14. Jahrhundert die Zugtrompete und aus dieser dann die Zugposaune. Die enge Verwandtschaft zwischen Trompete und Posaune geht auch aus dem italienischen Wort *trombone* (große Trompete) hervor. Die Posaune wird zum ersten Mal in einem Bericht aus dem Jahre 1468 über die Hochzeit *Karls des Kühnen von Burgund* erwähnt. In kurzer Zeit verbreitete sie sich in ganz Europa. Im 16. und 17. Jahrhundert wurde sie zu einer ganzen Posaunenfamilie mit Diskant-, Alt-, Tenor- und Bassposaune ausgebaut. Lange Zeit war eine der Hauptaufgaben der Posaunenfamilie die »colla parte«-Verstärkung der Chorstimmen Sopran, Alt, Tenor und Bass. Horn und Trompete konnten diese Aufgabe nicht übernehmen, da sie in der unteren und mittleren Lage nur wenige Naturtöne hervorbrachten. Ventile gab es damals noch nicht. Posaunisten wurden im Mittelalter in den Kapellen der Fürstenhöfe und in den Türmergilden (Turmmusik) beschäftigt. Stadtpfeifer und Ratsmusiker mussten zu bestimmten Stunden und Anlässen Signale und andere Musikstücke vom Turm herab blasen. Nürnberg war lange Zeit Zentrum des europäischen Posaunenbaus. Der Nürnberger Hans Neuschel lieferte um 1500 beispielsweise an Kaiser Maximilian I. wertvolle Instrumente. Für Papst Leo X. baute er sogar silberne Posaunen und brachte sie selbst nach Rom. Während schon im 17. Jahrhundert Posaunen im Opernorchester verwendet wurden (oft sollte ihr Klang die Macht von Herrschern oder auch die Mächte der Unterwelt charakterisieren), schrieb Ludwig van Beethoven als erster in einer Sinfonie (im Finale seiner fünften) drei Posaunen vor.

Seither bilden die Posaunen zusammen mit den Trompeten, Hörnern und Tuben die Blechbläsergruppe des Orchesters. Das Standardinstrument ist die Zugposaune in B. Die Aufgabe der unhandlichen Bassposaune wurde nach der Erfindung der Tenorbass-Posaune (1839) immer mehr von dieser übernommen. Die ebenfalls im 19. Jahrhundert entwickelte Ventilposaune konnte sich nicht gegen die Zugposaune durchsetzen. Eine große Rolle spielt die Posaune in der etwa um 1900 in Amerika (New Orleans) entstandenen Jazzmusik. Zunächst bildete sie das Bassfundament für die Melodieinstrumente, später übernahm sie die Gegenmelodie zu Klarinette und Trompete. Für Laienmusiker gibt es die Möglichkeit, Posaune zu lernen und zu spielen, vor allem in Blaskapellen und Posaunenchören.

Tonerzeugung
Bei der Zugposaune sind Form und Spielweise heute gleich wie vor fünfhundert Jahren.

Bis zur Erfindung der Ventile war die Posaune den anderen Blechblasinstrumenten weit überlegen, da diese nur Naturtöne hervorbringen konnten. Auch der Posaunist kann die Naturtöne blasen, ohne den Zug zu bewegen. In der Position 1 (Zug ganz eingezogen) erklingt bei entsprechend lockerer Lippenspannung der Ton B_1. Durch Erhöhung der Lippenspannung kann der Spieler nun noch, je nach Können, bis zu 10 Naturtöne erzeugen. Das gilt für jede Position.

Abb. 16: Naturtonreihe

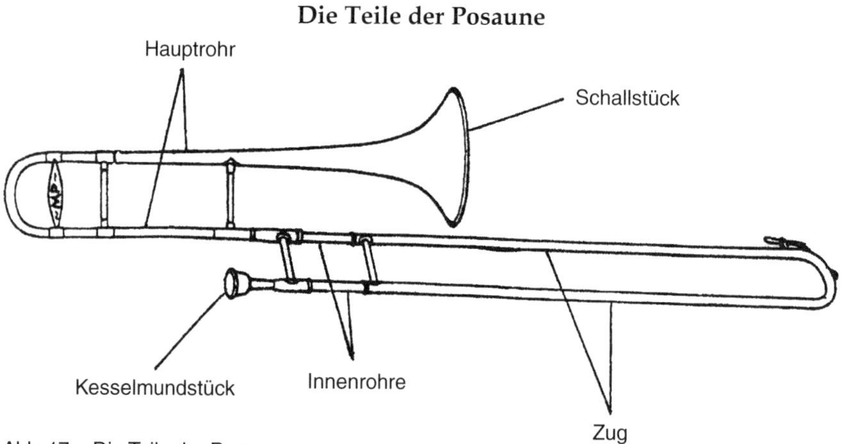

Abb. 17: Die Teile der Posaune

Vor allem in den unteren Lagen sind die Lücken zwischen den einzelnen Naturtönen sehr groß. Mit Hilfe des beweglichen Teils der Posaune, des Zuges, kann der Spieler aber diese Lücken schließen. Der Zug ermöglicht es, die Posaunenröhre und damit die schwingende Luftsäule erheblich zu verlängern. Es gibt sieben Positionen (Züge), mit deren Hilfe man sieben verschiedene Naturtonfolgen spielen kann. Eine Besonderheit der Posaune ist, dass man während des Blasens auch stufenlos von Position zu Position gleiten kann und dadurch ein richtiges *Glissando* spielen kann. Davon machen besonders Jazzposaunisten Gebrauch.

Die exakte Bedienung des Zuges ist schwierig und erfordert sehr viel Übung. Wenn ein bestimmter Ton getroffen werden soll, muss der Spieler mit der rechten Hand die richtige Position finden und außerdem genau die erforderliche Lippenspannung erzeugen. Wie exakt und sauber auf der Zugposaune die Töne getroffen werden, hängt ganz allein vom Spieler ab. Sein gutes Gehör ist dafür unbedingte Voraussetzung.

2.3 Zu den Zielen

Die Schüler sollen in dieser Unterrichtseinheit das Blechblasinstrument Posaune kennen lernen.

Die Schüler sollen im Einzelnen

- aus dem Hörbeispiel das Soloinstrument Posaune heraushören
- die Wortschilder an der Tafel richtig zuordnen können
- die Geschichte der Posaune anhand eines Lückentextes lernen
- nicht nur das heutige Instrument sehen, sondern auch einen Einblick in die geschichtliche Entwicklung und Bedeutung des Instruments nehmen
- die einzelnen Posaunenteile benennen können
- den Klang der Posaune beschreiben können
- aus einfachen Gegenständen eine Posaune basteln können
- die Funktionsweise der Posaune (Zug der Posaune) kennen lernen
- verschiedene Instrumente den Instrumentengruppen zuordnen
- die Naturtonreihe kennen lernen
- ihr Gehör schulen
- das exemplarische Vorgehen als solches erkennen und Übertragungsmöglichkeiten erkennen
- ihre musikalische Wahrnehmungsfähigkeit sensibilisieren
- ihre musikalische Erlebnisfähigkeit entwickeln
- Menschen wertschätzen, die Instrumente zu spielen erlernt haben
- das Arbeiten in verschiedenen Sozialformen (Gruppenarbeit, Einzelarbeit ...) üben
- ihre sozialen Kompetenzen verbessern
- ihre Präsentationsfähigkeit von Arbeitsergebnissen verbessern
- lernen, sich selbstständig Information zu beschaffen und diese auszuwerten
- lernen, selbstständig zu arbeiten

2.4 Zu den Inhalten

Für das Erreichen der Lernziele eignen sich folgende Inhalte:

Die geschichtliche Entwicklung der Posaune
Trompete und Posaune sind eng verwandte Instrumente aufgrund ihrer Geschichte und Anblastechnik (Trichtermundstück). Ihr Vorgänger war die *Busine*, die aus dem Orient kam. Im Laufe der Zeit änderte sich die Form, es entstand die Zugtrompete, aus dieser dann im 14. Jhdt. die Zugposaune. Es gibt verschiedene Posaunenarten, am verbreitetsten bei uns ist die Tenorposaune.

Gegebenenfalls muss den Schülern durch eine Visualisierung die Entwicklung veranschaulicht werden.

Klassifikation (nach Sachs)
Die Posaune ist ein Blasinstrument. Diese unterteilen sich nach der Anblastechnik, nicht nach dem verwendeten Hauptmaterial, in Holz- und Blechblasinstrumente. Blechblasinstrumente werden in Kessel- und Trichterinstrumente unterteilt, die Posaune ist ein Trompeteninstrument mit Kessel. Gegebenenfalls muss eine Abgrenzung und Verdeutlichung der Klassifikationsmerkmale durch andere Instrumente aus der Erfahrungswelt der Schüler erfolgen.

Benennung der Teile
Schallstück, Hauptrohr, Zug, Innenrohre, Kesselmundstück

Grundprinzip der Klangerzeugung; Naturtonreihe
Die Klangerzeugung erfolgt durch die Lippenspannung und den abgegebenen Luftdruck, die Tonhöhe kann mit Hilfe des Zuges verändert werden. Die Naturtonreihe wird nur kurz erwähnt, auf ihre Entstehung kann nicht genauer eingegangen werden.

Da es keine zwingende Sachlogik bezüglich der Reihung der Inhalte für den Lernprozess gibt, kann durchaus in einem Lernzirkel gelernt werden, bei welchem lediglich zwei Stationen zwingend nacheinander folgen sollten.

2.5 Zum Arrangement

Der Unterrichtsverlauf lässt sich in vier Phasen aufbauen:
- Hinführung zum Thema: Hörbeispiel und Zuordnen der Wortkärtchen
- Lernzirkel
- Zusammenfassen der Ergebnisse und Erläuterung der Naturtonreihe
- Plakatgestaltung

Erläuterungen zur Phase Hinführung: Hörbeispiel und Wortkärtchen
Als Einstieg in die Stunde hören die Schüler das Hörbeispiel einer Posaune.

Anschließend sollen sie erraten, um welches Instrument es sich handelt. Da einer der Schüler Posaune spielt, darf dieser seinen Mitschülern ein Musikstück vortragen. Hinterher dürfen seine Mitschüler ihm Fragen bezüglich des Instrumentes oder des Unterrichts stellen.

Durch das Vortragen des Musikstückes und die anschließende Fragerunde tritt der Lehrer in den Hintergrund. Die Schüler lernen somit direkt von ihrem Mitschüler, was den Effekt haben soll, sie zu motivieren.

Nach dieser Fragerunde schreiben die Schüler Kommentare zum Hörbeispiel und zum Instrument auf Kärtchen. Diese werden an der Tafel angebracht. Zusätzlich sollen die Schüler an der Tafel aus einer Reihe von Wortkarten mit Begriffen diejenigen heraussuchen, die zum Instrument Posaune passen.

Beim Aussortieren der Begriffe müssen die Schüler diskutieren und versuchen, die anderen von ihrer Meinung zu überzeugen.

Erläuterungen zur Phase Lernzirkel

Das Thema Posaune soll in der Form eines Lernzirkels mit sechs Stationen den Schülern näher gebracht werden.

Die verschiedenen Stationen werden wie folgt angelegt:

- Geschichte der Posaune
- Basteln einer Gartenschlauchtrompete + Experimente zur Tonhöhenveränderung
- Benennung der Posaunenteile
- Hörbeispiele
- Tonhöhenveränderung bei der Posaune
- Blechblasfamilie

Methodenreflexionen

Bei allen Stationen soll das eigenständige Lernen, Handeln, Aneignen von Wissen und Experimentieren im Vordergrund stehen. Durch die Gruppenarbeit wird vor allem die Sozialkompetenz (Kooperationsfähigkeit) gefördert. Der Lehrer kann sich zurücknehmen und steht im Hintergrund. Er ist lediglich *Moderator*, steht aber für eventuelle Fragen bereit.

An den Stationen stehen den Schülern Hilfsmittel - Bücher, Nachschlagewerke - zur Verfügung. Sie sollen im Umgang damit lernen, sich selbstständig etwas zu erarbeiten und Informationen aus Büchern herauszusuchen. Auf diese Weise wird ihre Methodenkompetenz gefördert.

Sozialformreflexion

Bei der Vorbereitung der Stationen wurde durch den Einsatz verschiedener Aktivitätsformen bewusst auf einen Wechsel der Sozialformen geachtet. An einigen Stationen wird in Gruppen gearbeitet, an anderen in Partner- oder Einzelarbeit (auf den Aufgabenkarten an den jeweiligen Stationen mit Strichmännchen gekennzeichnet).

Medienreflexion
In der Unterrichtseinheit wird den Schülern ein vielfältiges Angebot an Medien zur Verfügung gestellt.

- Tafel
- Bild- und Begriffskärtchen
- verschiedene Tonträger mit Hörbeispielen
- Aufgabenkarten an jeder Lernzirkelstation
- Verschiedene Lernzirkelmaterialien (Bücher, Lexika, Arbeitsblätter, Gartenschlauch, Trichter, Posaunenmundstücke, Tonträger und Kopfhörer, Triory-Spiel)
- Folien (Tageslichtprojektor)
- Posaune
- Plakat und Bildmaterial

Stationenbeschreibung

① Geschichte der Posaune
Die Schüler bekommen einen Lückentext, den sie mit Hilfe von Wort- und Bildkärtchen ausfüllen sollen.

Die Schüler sollen hier lernen, gemeinsam in der Gruppe Inhalte zu erarbeiten. Bücher dienen als zusätzliche Hilfestellung.

② Basteln einer Gartenschlauchtrompete
Mit einfachen Gegenständen (Gartenschlauch, Trichter und Posaunenmundstück) basteln die Schüler an dieser Station ihre eigene Posaune. Nach der Bastelarbeit sollen sie den Klang dieses Instrumentes erproben. Sie sollen versuchen, verschieden hohe Töne zu spielen und beschreiben, wie sie dazu Lippenspannung und Anblasdruck verändern müssen. Sie stellen fest, dass die Länge des Schlauchs für die Tonhöhe von Bedeutung ist. Sie bekommen die Aufgabe, das Kinderlied »Alle meine Entchen« darauf zu spielen. Schnell werden die Schüler merken, dass dieses einfache Lied auf der gebastelten Posaune unspielbar ist. Dies sollen sie auf einem Laufzettel vermerken. (Naturtonreihe, die im weiteren Verlauf der Stunde zusammen mit den Schülern besprochen wird).

Ziele:

- Erwerb von Fachwissen
- Experimentieren und Ausprobieren
- Gefühl für den Klang entwickeln
- Schulung der Motorik durch das Basteln

③ Benennung der Posaunenteile
Die Schüler bekommen an dieser Station ein Arbeitsblatt mit einer Abbildung der Posaune. Sie sollen mit Hilfe des Buches die verschiedenen Posaunenteile beschriften.

Ziele:
- Selbstständige Erarbeitung des Inhalts
- Schulung der Methodenkompetenz durch das Entnehmen von Informationen aus Büchern

④ Hörbeispiele
Die Schüler hören hier verschiedene Ausschnitte aus Musikstücken. Sie sollen herausfinden, bei welchen eine Posaune vorkommt. Die Lösung finden die Schüler auf durchnummerierten Kärtchen, auf denen sie beim Umdrehen die Lösung stehen haben. Das Ergebnis wird auf dem Laufzettel festgehalten.

Ziele:
- Wiederholung: Klang der Posaune
- Schulung des Gehörs und der Konzentration
- selbstständiges Lernen

⑤ Tonhöhenveränderung bei der Posaune
An dieser Station kommen die Schüler mit dem eigentlichen Instrument Posaune in Berührung. Sie können es betrachten, begutachten und versuchen, dem Instrument einen Ton zu entlocken.

An dieser Station sollen die Schüler auch die Funktionsweise der Posaune kennen lernen. Sie sollen erkennen, dass sich durch das Ein- und Ausziehen eines beweglichen Rohrstückes, des so genannten Zugs der Posaune, die Tonhöhe beliebig variieren lässt, sodass vollständige Melodien gespielt werden können.

Ziele:
- Auseinandersetzung mit dem Gegenstand
- Tonhöhenveränderung bei der Posaune
- Motivation durch das Instrument im Original

⑥ Die Blechblasfamilie
An der letzten Station liegt den Schülern ein Spiel mit verschieden farbigen Wortkärtchen vor. Es handelt sich um ein Instrumenten-Triory, bei dem - im Unterschied zum allgemein bekannten Memory-Spiel - nicht nur zwei, sondern drei Kärtchen einander zugeordnet werden müssen (Bild des Instruments - Name des Instruments - entsprechende Instrumentenfamilie).

Ziele:
- Spielerisches Lernen: Freude, Motivation
- Selbstständiges Lernen
- Selbstkontrolle (übereinstimmende Farben bei richtiger Zuordnung)

Abschlussbesprechung der Lernzirkelarbeit
Die einzelnen Gruppen stellen jeweils eine Station vor. Die Ergebnisse werden verglichen. Der Lehrer erläutert ansatzweise, was man unter der Naturtonreihe zu verstehen hat.

Plakatgestaltung
Die Schüler gestalten – ausgehend vom im Unterricht entstandenen Tafelbild – ein großes Plakat, auf dem die Ergebnisse der vergangenen Stunden, gesammeltes Bildmaterial usw. dokumentiert werden.

Das Plakat wird im Klassenzimmer aufgehängt.

Auf diese Weise halten die Schüler am Ende das Ergebnis ihrer Arbeit selber fest (produktives Arbeiten). Zudem trägt das Plakat positiv zur Gestaltung des Klassenzimmers bei.

3. GEPLANTER VERLAUF

Gepl. Zeit	Lehr-Lern-Aktivitäten	Arbeits- und Sozialform	Medien	Kommentar
10 Min.	Vorbereitung: L.: schreibt den Begriff »Die Posaune« an die Tafel und bringt verschiedene Begriffs- und Bildkärtchen (passende und unpassende) an der Tafel an. Die Tafel wird zugeklappt. Außerdem wird eine Posaune in Tafelnähe aufgestellt. Einstieg: S. hören ein kurzes Hörbeispiel einer Posaune und betrachten dazu das Instrument. Nach ersten spontanen Schüleräußerungen folgt ein UG über das Instrument (z. B. »Habt ihr das Instrument erkannt? Wer von euch spielt Posaune?«); falls der Posaunist der Klasse sein Instrument dabei hat, dürfen die anderen ihm Fragen stellen (z. B. »Wie lange spielst du schon? Ist das Instrument schwer zu lernen? Was kostet es?...«	UG Schüler sitzen im Halbkreis vor der Tafel.	Tafel, Bild- und Begriffskärtchen, Posaune, Tonträger mit Hbsp.	Ein Schüler der Klasse spielt Posaune. Falls er möchte, darf er sein Instrument in die Stunde mitbringen und anstelle des Hbsp. auf Band etwas vorspielen. → Live-Musik ist motivierender als Musik aus der Konserve. Förderung der Sozialkompetenz: S. lernen etwas von ihrem Mitschüler (L. nimmt sich zurück) auch: den Mitschüler nicht auslachen, wenn er sich verspielt ... Lernen mit mehreren Sinnen (das Instrument sehen und hören)
10 Min.	S.: ausgehend von ihren spontanen Äußerungen dürfen die S. nun ihre Kommentare zum Gehörten und zum Instrument selber auf Kärtchen schreiben (z. B. »Die Posaune klingt ...«). Die Tafel wird geöffnet. S. befestigen ihre Kärtchen neben dem Begriff »Die Posaune«. S. hängen außerdem die vom L. vorbereiteten Kärtchen dazu, die ihrer Meinung nach passend sind (links: unpassende, Mitte: passende, rechts: Zweifelsfälle)	UG	Tafel, Kärtchen (eigene und vom L. vorbereitete)	L. lässt die von den S. ausgesuchten Kärtchen zunächst unkommentiert stehen.

Gepl. Zeit	Lehr-Lern-Aktivitäten	Arbeits- und Sozialform	Medien	Kommentar
	Überleitung: L.: Jetzt dürft ihr gleich selber überprüfen, ob ihr Recht habt mit euren Vermutungen.			
40 Min.	Lernzirkel: S.: durchlaufen in Kleingruppen verschiedene Lernzirkelstationen zur Posaune und prüfen dabei, ob ihre Vermutungen richtig waren. Evtl. aufkommende Fragen schreiben die S. an der Seitentafel des Musikraums auf.	Stuhlkreis wird aufgelöst. Lernzirkel je nach Station: GA, PA, EA	Aufgabenkarten an jeder Station Verschiedene Lernzirkelmaterialien: Bücher, Arbeitsblätter, Gartenschlauch, Trichter, Posaunenmundstücke, Tonträger + Kopfhörer, Triory-Spiel	S. erarbeiten sich selbstständig die einzelnen Aufgaben an den Stationen. → Förderung der Handlungsfähigkeit: → Methodenkompetenz: Wie kann ich mir etwas selber erarbeiten? → Experimentieren (Station 2), Arbeit mit Büchern, Lexika (Station 1) → Möglichkeit zur Selbstkontrolle → L. nimmt sich zurück, hilft nur, wenn die S. alleine nicht weiterkommen Förderung der Sozialkompetenz: Arbeiten im Team
20 Min.	Besprechung des Lernzirkels: Jede Gruppe stellt eine Station vor. Die anderen ergänzen durch ihre Ergebnisse. Arbeitsblätter werden von der vortragenden Gruppe auf Folie ausgefüllt. S.: überprüfen jetzt und korrigieren ggf. ihre Zuordnungen an der Tafel. Fragen von der Seitentafel werden im Plenum diskutiert und geklärt. L.: Im Zusammenhang mit Station 2 geht der L. auf das Phänomen der Naturtöne näher ein. S.: haben festgestellt, dass man nicht »Alle meine Entchen« spielen kann, da man überhaupt nur wenige Töne auf der Gartenschlauchtrompete spielen kann → das sind die Naturtöne Folie mit Naturtonreihe wird gezeigt. S. stellen fest: große Abstände zwischen den einzelnen Tönen. L.: Wie könnte man diese Lücke füllen? S.: Veränderung der Rohrlänge	S. sitzen an ihren Plätzen, Vorträge der einzelnen Gruppen, UG	Arbeitsblätter; Folien, Tafel, Wort- und Bildkärtchen, Gartenschlauchtrompete, Posaune	Förderung der Sozialkompetenz: Respekt vor den Leistungen der einzelnen Gruppen, gemeinsame Diskussion und Einigung auf ein Ergebnis L. leitet lediglich das UG, hilft bei der Beantwortung von Fragen, die die S. allein nicht klären konnten

Gepl. Zeit	Lehr-Lern-Aktivitäten	Arbeits- und Sozial-form	Medien	Kommentar
	L.: Wie macht man das bei der Posaune? Wie kann man eine Posaune schnell lang und dann wieder kurz machen? S.: Zug der Posaune			
5–10 Min.	L.: stellt weitere Hörbeispiele vor: Posaune im Jazz, im Sinfonie-orchester, Posaune solo → Vielfältigkeit des Instruments Vorbesprechung der Plakat-gestaltung: Hausaufgabe: Material sammeln		verschie-dene Tonträger	akustisch-rezeptiver Ansatz: Im Musik-unterricht ist das Hören von Musik zentrales Element → das Instrument hörend erfahren!
45 Min.	Abschluss der Unterrichtseinheit: S.: gestalten ausgehend vom entstandenen Tafelbild ein großes Plakat, auf dem die Ergebnisse der vergangenen Stunden, gesammel-tes Bildmaterial usw. dokumentiert sind. Das Plakat wird im Klassenzimmer aufgehängt.	GA	Plakat, Wortkarten, Bildmaterial …	S. haben am Ende das Ergebnis ihrer Arbeit in der Hand → produktives Arbeiten sieht schön aus: → Stolz auf ihre Arbeit
	Ausblick: z. B. Besuch einer Veranstaltung, wo eine Dixie-Band spielt oder Video über eine Jazzband, einen Posaunisten … und/oder: »Forschungsaufgabe«: S. suchen zu Hause in ihren eigenen CDs oder alten Schall-platten der Eltern, ob irgendwo eine Posaune vorkommt → mitbringen!			reflexiver Ansatz

4. ANLAGEN

(1) Lernzirkelaufgaben

Station 1

- Informiert euch in den bereit liegenden Büchern über die Geschichte der Posaune!
- Versucht danach gemeinsam den Lückentext auf eurem Arbeitsblatt auszufüllen!

Station 2

- Baut aus den verschiedenen Gegenständen (Mundstück, Trichter, Gartenschlauch) eine lange und eine kurze »Gartenschlauch-Trompete«!
- Versucht jetzt hohe und tiefe Töne darauf zu spielen! Wie macht ihr das?

- Was ist der Unterschied zwischen der langen und der kurzen »Gartenschlauch-Trompete«? Wie klingen sie?
- Kannst du »Alle meine Entchen« darauf spielen?

Station 3

Ihr habt gemerkt, dass man auf der »Gartenschlauch-Trompete« keine richtige Melodie spielen kann.

Ihr habt außerdem gesehen, dass es unter anderem auf die Schlauchlänge ankommt, ob man höhere oder tiefere Töne spielt.

- Überlegt: Die Posaune ist eigentlich nichts anderes als solch eine aufgewickelte »Gartenschlauch-Trompete«. Warum kann man aber auf der Posaune problemlos Melodien spielen? Schaut euch das Instrument genau an!

Station 4

- Beschrifte die Abbildung der Posaune auf deinem Arbeitsblatt! Schau dir dazu die Abbildung im Buch an!

Station 5

- Setze dir den Kopfhörer auf und höre dir die verschiedenen Hörbeispiele an. Bei welchen ist die Posaune zu hören?
- Schreibe die Nummer dieser Hörbeispiele auf!

Station 6

- Spielt das Instrumenten-Triory! Wer gewinnt?

(2) Arbeitsblatt zu Station 1

Die Geschichte der Posaune

Die enge Verwandtschaft zwischen Trompete und Posaune geht schon aus dem italienischen Wort *trombone* (Große Trompete) hervor.

Der gemeinsame Vorfahre von Trompete und Posaune ist die ________________, eine lange, gerade Naturtrompete, die um das Jahr 1000 aus dem Orient in das Abendland kam.

Aus der mittelalterlichen Trompete in ________________ entstand im 14. Jahrhundert die ________________ und aus dieser dann die ________________. Im 16. und 17. Jahrhundert wurde diese zu einer ganzen ________________ mit Diskant-, Alt-, Tenor- und Bassposaune ausgebaut. Lange Zeit war eine der Hauptaufgaben der Posaunenfamilie die Verstärkung der ________________ Sopran, Alt, Tenor und Bass.

Heute wird am häufigsten die ________________ gespielt.

(Unter dem Lückentext sind als Hilfe die einzusetzenden Begriffe angegeben.)

(3) Arbeitsblatt zu Station 4

(Auf diesem Arbeitsblatt ist die zu beschriftende Abbildung der Posaune aus dem Kapitel »Epochale Bedingungen - Erkenntnisstand« dargestellt.)

(4) Zu Station 6

Die Spielregeln für das Triory
Es wird nach den üblichen Memory-Spielregeln gespielt, nur werden jeweils drei Karten umgedreht und zusammengehörende Kartendrillinge gesucht.

Es gehören jeweils wie im Orchester mehrere Instrumente zu einer Instrumentengruppe, die dieselbe Hintergrundfarbe haben. Der Name und das Bild des Instrumentes haben dieselbe Nummer.

Es gehören zusammen:

Streichinstrument	Violine (1)	Bild der Violine (1)
Streichinstrument	Bratsche (2)	Bild der Bratsche (2)
Streichinstrument	Violoncello (3)	Bild des Violoncello (3)
Streichinstrument	Kontrabass (4)	Bild des Kontrabasses (4)
Holzblasinstrument	Querflöte (1)	Bild der Querflöte (1)
Holzblasinstrument	Klarinette (2)	Bild der Klarinette (2)
Holzblasinstrument	Oboe (3)	Bild der Oboe (3)
Holzblasinstrument	Fagott (4)	Bild des Fagottes (4)
Holzblasinstrument	Piccoloflöte (5)	Bild der Piccoloflöte (5)
Holzblasinstrument	Englisch Horn (6)	Bild des Englisch Horn (6)
Holzblasinstrument	Saxophon (7)	Bild des Saxophons (7)
Blechblasinstrument	Trompete (1)	Bild der Trompete (1)
Blechblasinstrument	Posaune (2)	Bild der Posaune (2)
Blechblasinstrument	Horn (3)	Bild des Horns (3)
Blechblasinstrument	Tuba (4)	Bild der Tuba (4)
Schlagzeug	Pauke (1)	Bild der Pauke (1)
Schlagzeug	gr. und kl. Trommel (2)	Bild der gr. und kl. Trommel (2)
Schlagzeug	Becken (3)	Bild des Beckens (3)
Schlagzeug	Triangel (4)	Bild der Triangel (4)
Schlagzeug	Xylophon (5)	Bild des Xylophons (5)
Schlagzeug	Glockenspiel (6)	Bild des Glockenspiels (6)
Schlagzeug	Gong (7)	Bild des Gongs (7)
Besonderes Instrument	Harfe (1)	Bild der Harfe (1)
Besonderes Instrument	Orgel (2)	Bild der Orgel (2)
Besonderes Instrument	Flügel (3)	Bild des Flügels (3)

(5) Spielkartenbeispiele

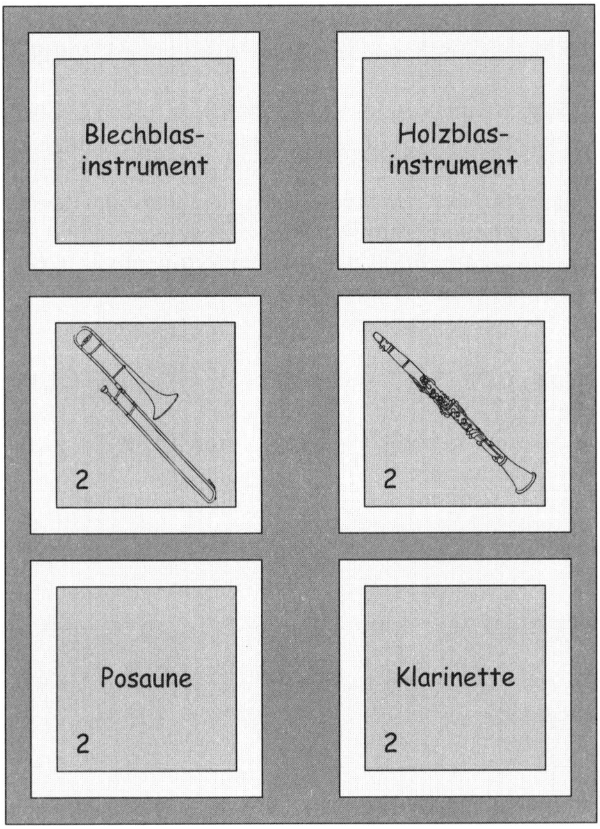

Abb. 18: Spielkartenbeispiele

(6) Folie mit Naturtonreihe

Abb. 19: Naturtonreihe

5. LITERATUR

(Grundlage unseres Entwurfes waren die vielfältigen Veranstaltungen, welche wir an der Pädagogischen Hochschule Weingarten besucht haben.)

Speziell zur Instrumentenkunde verwendeten wir folgende Bücher:

- SACHS, C., Reallexikon der Musikinstrumente, Hildesheim, New York, 1972
- SACHS, C., Handbuch der Musikinstrumentenkunde, Wiesbaden, 1974
- VALENTIN, E., Handbuch der Musikinstrumentenkunde, Regensburg, 1974
- DICKREITER, M., Musikinstrumente, Kassel, 1987
- MAERSCH, K. u. a., Bildwörterbuch Musikinstrumente, Leipzig, 1987
- Musik in Geschichte und Gegenwart (MGG)

weiterhin:

- BLUME, F. (Hrsg.), Die Musik in Geschichte und Gegenwart, 14 Bde, Kassel, 1949–1968, Suppl. 1969 ff.
- MICHELS, U., dtv-Atlas zur Musik, Tafeln und Texte, 15. Aufl., München/Basel/Tours/London, 1994
- SCHRÖDER, E., Mathematik der Töne, 4. Aufl., Leipzig, 1982

8.4 Gymnasium/Sekundarstufe II: Sam Shepard *Fool for Love* (Leistungskurs Englisch, 13. Schuljahr)

1. DATEN

Lehrende:	Andrea Gall
Klassenlehrerin:	Fr. Zimmer
Schule:	Alexander-von-Humboldt Gymnasium in Konstanz
Klasse:	Jahrgangsstufe 13
Schüler:	20 Schüler: 6 Frauen und 14 Männer (davon 5 Schüler mit einem längeren Auslandsaufenthalt in England oder den USA)
Stunden:	Mittwoch, 3. u. 4. Stunde Donnerstag, 5. Stunde
Fach:	LK Englisch
Thema:	Die Geschlechterrollenproblematik in Sam Shepards *Fool for Love*
Ziel:	Kenntnis des Gender-Begriffs und seine Anwendung auf das problematische Geschlechterrollen-Verhältnis von Eddie und May in *Fool for Love*

2. VORÜBERLEGUNGEN

2.1 Zum Thema

Nach dem Erziehungs- und Bildungsauftrag des Gymnasiums in Baden-Württemberg ist es dessen Auftrag, »Entwicklung und Veränderung der Geschlechterrollen in unserer Gesellschaft und die Verwirklichung der Gleichstellung von Mann und Frau« zu thematisieren. Im Fach Englisch bietet es sich an, dieses Thema auch im Zusammenhang mit der Behandlung des amerikanischen Kulturraums zu betrachten und zu reflektieren, zumal sich hierfür in Shepards Text ein guter Ansatz vorfindet.

Es dürfte selbstverständlich sein, dass Heranwachsende in ihrem eigenen Lebensvollzug existenziell mit der *Geschlechter*problematik wie mit der *Gender*problematik fertig werden müssen. Diese sind für sie von ebenso großer Gegenwarts- wie Zukunftsbedeutung. Und der Schule bleibt gar nichts anderes übrig, als ihnen sowohl bei der Bewältigung ihrer Gegenwartsprobleme als auch in der Vorbereitung auf ihr künftiges Leben – hier: in geschlechtsspezifischen Rollen bzw. mit deren Auffassungen und Wertungen in unserer Gesellschaft – behilflich zu sein. Das Gymnasium kann hier – zugleich mit der fachlichen Behandlung von einem Stück ausgewählter amerikanischer Literatur – echte Lebenshilfe bieten.

Das Drama *Fool for Love* von Sam Shepard eignet sich deshalb besonders auch für diese Thematik, weil es die allgemeine aktuelle Problematik von

Geschlechtszugehörigkeit und damit verbundener Rollenbindung pointiert aufzeigt. Zum einen zeigt es, wie konservative, von einem patriarchalischen Gesellschaftsbild ausgehende Vorstellungen über Geschlechterrollen in der heutigen Realität geradezu scheitern müssen. Zum anderen zeigt es an *May*, der weiblichen Protagonistin, wie zumindest ansatzweise Widerstand gegen solche stereotype Weltsicht geübt werden kann. Das Stück lässt durchscheinen, wie sehr jeder heranwachsende Mensch immer auch zu einem gewissen Grad Produkt seiner Eltern ist. Somit kann es deutlich machen, in welchen Einbindungen Jugendliche leben, wie sie aber auch die Chance haben, aktiv ihre eigenen Rollenbilder und dadurch ihr Leben zu gestalten.

Die problematisierende Erörterung der gezeichneten Geschlechterrollen von *May* und *Eddie* soll in der Diskussion dazu führen, dass die Schüler im Einzelnen fachliche *Einsichten in die gedanklichen Zusammenhänge und die innere Struktur* dieses Textes erhalten, zugleich allgemein daran aber auch noch, dass Literatur sowohl *Spiegelbild* als auch *Gegenbild der außerliterarischen gesellschaftlichen Wirklichkeit* sein kann.

2.2 Zur Situation

Der Unterricht findet in der gymnasialen Oberstufe, der 13. Jahrgangstufe, im Leistungskurs Englisch statt. Daran nehmen 20 Schüler/-innen teil, die ein überaus heterogenes Bild hinsichtlich ihrer sozialen Herkunft, Lernmotivation und ihres besonderen Kenntnisstandes bieten. Fünf der Schüler haben bereits einen einjährigen Auslandsaufenthalt im englischsprachigen Ausland, vornehmlich in den USA, verbringen können. Daraus folgen große Unterschiede in den sprachlichen Fähigkeiten wie auch des Wissenstandes über kulturelle Gegebenheiten im Ausland. Das sollte bei etwaiger Partner- oder Gruppenarbeit berücksichtigt werden, sodass Schüler mit unterschiedlichem Lernstatus anteilmäßig auf die einzelnen Arbeitsgruppen verteilt werden.

Vor allem im zweiten Teil der Unterrichtseinheit können Schüler mit entsprechendem Vorwissen um den amerikanischen Kulturraum erheblich dazu beitragen, Kenntnisse um den bereits behandelten *American Dream* (z. B. Benjamin Franklin, *The Way to Wealth*; Thomas Jefferson, *The Declaration of Independence*) zu reaktivieren und auf die Figuren in *Fool for Love* zu übertragen. Dabei wird darauf zu achten sein, dass genügend Zeit für die übrigen Schüler bereitsteht, ihr aus den außerschulischen Medien zu diesem Thema funktional gewonnenes Wissen einzubringen. Eine Bevorzugung einzelner Schüler/-innen aufgrund ihrer besonderen Vorkenntnisse soll und muss vermieden werden.

Die selbstständige Lektüre des vergleichsweise kurzen Dramas wird vorausgesetzt. Die Lektüre wurde vor zwei Wochen ausgeteilt, und es wurden entsprechend wenige zusätzliche Hausaufgaben in diesem Zeitraum erteilt.

Die Schüler haben bereits Erfahrung in der Gruppen- bzw. Partnerarbeit sowie im Protokollieren ihrer Ergebnisse als Ergebnissicherung für den LK. Auch können sie abstrakte Begriffe in ihrer Bedeutung erarbeiten, erfassen und auf ihre eigene Realität übertragen. Die Motivation der Schüler ist wechselhaft, meist von der Aktualität des jeweiligen Themas und den Identifizierungsmöglichkeiten abhängig.

Für den Unterricht verfügbare Medien sind: Tafel, Overhead-Projektor, Arbeitsblätter und Videoanlage.

Wie schon vorher erwähnt, befinden die Schüler/-innen sich selber in einem Alter, in welchem es von zunehmender Bedeutung ist, ihre(n) Rolle(n)/Position(en)/Status in der Gesellschaft durch eigene maßgebliche Aktivitäten zu finden. In ihrem Alltag sind sie mit Sicherheit bereits konkreten Problemen von Geschlechtszugehörigkeit und Rollenverständnis begegnet. Somit dürfte das für sie existenzielle Thema bei ihnen auf eine vergleichsweise hohe Motivation stoßen.

2.3 Zu den Zielen

In ganz besonderer Weise beziehen sich die angestrebten Lernziele auf zwei der üblicherweise unterschiedenen Verhaltensbereiche der Lernenden:

- Kognitiv lernen sie – über die fachlichen Kenntnisse hinaus – besonders die Begriffe *sex* und *gender* kennen und auseinanderhalten.
- Affektiv lernen sie, sich mit ihren eigenen Geschlechts- und Rollenproblemen bewusst auseinander setzen zu wollen.

Im Einzelnen werden angestrebt:

- Sprachliche Fähigkeiten, vor allem Erweiterung des englischen Wortschatzes und der Grammatik
- Fähigkeiten zur Interpretation und Analyse eines englischsprachigen Theaterstückes am Beispiel *Fool for Love*
- Fähigkeiten zur aktiven wie passiven Teilnahme an Diskussionen und Teamarbeit und zur Präsentation ihrer Beiträge
- Fertigkeiten zur Erstellung von Protokollen, vor allem zutreffende und genaue Formulierungen
- Fähigkeiten zum Verständnis und zur Interpretation der Videopräsentation

2.4 Zu den Inhalten

An Vokabeln tauchen auf:

- *sex* und *gender*
- *gender roles*
- *stereotypical*
- *play; character; figure*
- *hereditary legacy*

»Sex« und »gender« beziehen sich begrifflich beide auf Mann und Frau und heben den Unterschied zwischen diesen hervor. Während »sex« die biologische Klassifikation vornimmt und Mann und Frau als angeborene geschlechtliche Unterschiede betont, ist »gender« ein Begriff, der die gesellschaftlich bestimmten Unterschiede im Rollenverhalten von Mann und Frau betrachtet. »Sex« bezeichnet unausweichliche Unterschiede, »gender« gesellschaftlich konstruierte Unterschiede von Mann und Frau.

Im Stück *Fool for Love* stellt SAM SHEPARD vor allem drei Charaktere vor: Eddie, May und The Old Man. An den soeben vorgestellten Begriffen gemessen, lassen die drei sich folgendermaßen darstellen:

1. Eddie
Er ist ganz und gar Produkt seiner Gesellschaft, besonders seiner Eltern und der durch sie vorgelebten Rollen. Wie sein Vater, lebt er in einer Dreiecksbeziehung zu seiner Halbschwester May und der Countess, die allerdings an unterschiedlichen Orten leben. Wie seinen Vater The Old Man - auch Vater von May - zieht es Eddie rastlos zwischen den beiden Frauen hin und her. Entscheiden kann er sich zwischen den beiden nicht. Sein Lebenstraum, mit einer Frau zusammenzuleben, die eine Kombination aus diesen beiden Frauen ist, oder mit beiden Frauen zusammenzuleben, bleibt ein Traum, der niemals Wirklichkeit werden kann: Die Gesellschaft würde ein Zusammenleben mit seiner Halbschwester May niemals anerkennen; mehr als unwahrscheinlich ist von vorneherein, dass die glamouröse und eifersüchtige Countess sich bewusst auf eine Dreiecksbeziehung einlassen würde. Eddie sieht sich selber als Cowboy, allerdings eher als eine Art Möchtegern-Cowboy nach Marlboro-Werbevorbild. Übertrieben stellt er seine »Männlichkeit« zur Schau und macht sich dadurch lächerlich, wie beispielsweise beim Einfangen des Bettpfostens mit dem Lasso, wodurch er May zu beeindrucken sucht. Er unterscheidet für sich strikt zwischen »man« und guy«, wobei »man« für ihn ein ganzes Sammelsurium von Klischees über angebliche Cowboy-Tugenden ist, wie z. B. der männlichen Überlegenheit über Frauen, der männlichen Bestimmung über Frauen, der männlichen Manipulation von Frauen usw. Bezeichnend für die Figur Eddie ist, dass er seine gesamte Welt durch Träume erfindet (*to make up*), was geradezu zwangsläufig bedeutet, dass es für ihn unmöglich ist, seine Welt jemals tatsächlich erleben zu können, zumal er unfähig ist, sich den Konsequenzen seiner erträumten Realität zu stellen.

2. May
May lebt wie Eddie das vorgeführte Leben ihrer Eltern fort. Sie lebt nie lange an einem Ort, stattdessen mit immer gepacktem Koffer in Motels, um sich von Eddie zu trennen. Beide verbindet eine Hassliebe: so klammert sie sich an Eddie - sein Bein -, obwohl sie genau weiß, dass er sie wieder verlassen wird. Die verzwickte Beziehung zwischen ihnen wird auf der Bühne durch abgeschrägten Boden verdeutlicht. May bleibt eher passiv; obgleich sie sich äußerlich in einen Vamp wandelt, bleibt sie innerlich ganz die alte May. Sie wehrt sich gegen den Zwang, überkommene Rollenauffassungen übernehmen zu sollen, indem sie die maskulinen Rechtfertigungs- und Beschönigungsversuche der bisherigen Familiengeschichte durch ihren Vater und Eddie durchschaut und ablehnt. Sie erzählt ihre eigene »wahre Geschichte«, ist aber nicht dazu fähig, daraus auch reale Konsequenzen zu ziehen. Das Unglück muss seinen Lauf nehmen, da May sich von ihrer nur passiven Rolle nicht emanzipieren kann.

3. The Old Man
Er »lebt« in einer ganz eigenen Welt, nicht in der Realität seiner Kinder, sondern in einer Art phantasiegeschaffenem Zwischenraum, als eine Art *Geist*. Obwohl er kaum tatsächlich agiert, bestimmt er durch seine Kommentare zum Verhalten seiner Kinder immer noch deren Haltungen. Er klagt wiederholt Eddie an, wenn dieser sich die Zügel aus der Hand nehmen lässt, da May die Wahrheit über die Familie zu erkennen droht. The Old Man ist ein durch und durch konservativer Typ, in seinem Verhalten gegenüber Frauen anachronistisch, ja geradezu machohaft. Allerdings bleibt sein Bilderrahmen und damit sein Bild von Frauen – als passiven und leitbaren Wesen – leer, es verbleibt in seiner eigenen Phantasie, ohne real zu werden. Seine intellektuelle Schizophrenie, mit zwei angeblich »zufriedenen« Frauen und zwei Kindern an verschiedenen Orten zu leben, führt auch zur ersten Begegnung von Eddie und May, die sich als Mann und Frau statt als Geschwister kennen lernen und empfinden. Die Unfähigkeit von The Old Man, sein tatsächliches Leben offen darzulegen, ist Ursache dafür, dass seine Kinder im bloß Vorgelebten, im »Rahmen« verbleiben, statt ihr Leben selbst in die Hand zu nehmen.

2.5 Zum Arrangement

Dieses Arrangement von Unterricht hat zum Ziel so weit wie möglich *handlungsorientiertes Lernen* zu gewährleisten, indem die Schüler angeleitet werden, selbstständig die einzelnen Lernphasen zu durchlaufen und gleichzeitig Verbindungen zwischen dem Allgemeinen und dem Speziellen herzustellen (*Sex/Gender* in der Gesellschaft und in Sam Shepards *Fool for Love*).

Im Einzelnen ist diese Unterrichtseinheit so aufgebaut, dass wesentliche Kriterien vollständigen Lernens (vgl. dazu das 6+1-Phasen-Modell) erfüllt werden, wobei sich mit Fortschreiten des Unterrichts – beginnend mit der Initiative durch den Lehrer bis hin zur Evaluation – im Wesentlichen von den Gruppen selbst durchgeführt – die Rolle des Lehrers zunehmend auf die Berater- bzw. unterstützende Kritikerfunktion[73] reduziert. Mit dieser Änderung der Lehrerrolle innerhalb dieses Unterrichts geht ein zunehmend selbstständiges, eigenverantwortliches Organisieren, Arbeiten und Präsentieren der Ergebnisse der Schüler einher. Dies wiederum soll die einzelnen Kompetenzen der Schüler wie z. B. Teamfähigkeit, Diskussionsfähigkeit, Verantwortung gegenüber den Mitschülern (man denke hierbei an die Art und Weise der Ergebnispräsentation) fördern.

Im Detail ist diese Unterrichtseinheit wie folgt aufgebaut:

[73] Damit ist ausdrücklich keine Dekonstruktion von Schülerergebnissen gemeint, vielmehr beschränkt sich die Lehrerin hier auf Hinweise auf mögliche problematische Aspekte oder weitere Vergleiche innerhalb des Textes.

In der lehrerorientierten Initiativphase werden Rahmen und Motivation für das Lernen vorgegeben, d. h. die Begriffe *sex* und *gender* werden eingeführt, definiert und abgegrenzt.

In der folgenden Phase geht es in der Lehrer-Schülerinteraktion vor allem darum, die Kenntnis der bisher abstrakten Begriffe anhand von Alltagsbeispielen auf diese zu übertragen, die Anwendung dieses Begriffspaares zu üben und zu veranschaulichen. In der Informationsphase gilt es, die Problematik des Themas zur Sprache zu bringen, sodass im weiteren Verlauf ein reflexiv-kritisches Lernen der Schüler möglich wird.

Die Gruppenarbeit umfasst sowohl einen Teil der Planungs- sowie der Ausführungsphase.

Anhand einer vorgegebenen Fragestellung sollen die Schüler selbstständig innerhalb der Gruppen nicht nur relevante Textstellen selbst auswählen, sondern die einzelnen Aufgabenbereiche auch eigenständig aufteilen, bearbeiten und die Art und Weise der Präsentation bestimmen.

Die anschließende Evaluation wird zwar vom Lehrer, wenn nötig, moderiert, die Kritik sollte allerdings im und durch das Klassenplenum erfolgen.

Den Abschluss bilden diverse, signifikante Filmausschnitte aus *Fool for Love*, die nicht nur die gewonnenen Ergebnisse noch einmal visualisieren, sondern auch eine Verbindung zur Welt der Schüler herstellen sollen.

Vom Lernaspekt betrachtet, hat dieses Arrangement einen »aufbauenden« Charakter, insofern es stufenweise komplexere Lern- und Lehrverfahren verwendet, die eben aufeinander »aufbauen«. So beginnt der Unterricht beispielsweise mit rezeptiven Lernverfahren, endet jedoch mit selbstständig-produktivem Lernen der Schüler.

3. VORGESEHENER VERLAUF

1. und 2. Stunde

Zeit	Lehrer-Schüler-Aktivitäten		Anmerkungen
5 Min.	Begrüßung des Kurses durch die Lehrerin Einführung in die Thematik der Stunde	Frontalunterricht	Einstieg
10 Min.	Einführung in die Definitionen von *sex* und *gender* durch die Lehrerin	Frontalunterricht Ausgabe von Definitionen	Vermittlung von Kenntnissen
10 Min.	Gemeinsame Suche nach adäquaten Beispielen für *gender roles* in der Gesellschaft	Lockeres Unterrichtsgespräch Festhalten der Beispiele durch einen Schüler an der Tafel	Beispiele für das erworbene Wissen

Zeit	Lehrer-Schüler-Aktivitäten		Anmerkungen
3 Min.	Einteilen der Gruppen zu je fünf Schülern; Austeilen der Arbeitsblätter und Überleitung auf *Fool for Love*		Einstieg in die Gruppenarbeit
17 Min.	Bearbeitung der Arbeitsblätter von den Schülern	Gruppenarbeit, Protokollieren der Ergebnisse durch die Gruppe auf Folie	Eigenständige Anwendung des erworbenen Wissens
15 Min.	Fortführung: Arbeitsblätter bearbeiten	Gruppenarbeit	
28 Min.	Auswertung der Arbeitsergebnisse; Lehrer tritt nur als Beobachter auf und greift nur ein, wenn nötig	Projektion der Ergebnisse; Offenes Unterrichts-gespräch/ Diskussion	Visualisierung und Präsentation der Ergebnisse → dynamische Fortführung auf Folie möglich
2 Min.	Einsammeln der Protokolle/Folien und Verabschiedung der Schüler		

3. Stunde

Zeit	Lehrer-Schüler-Aktivitäten		Anmerkungen
3 Min.	Begrüßung	Lehrerzentriertes Handeln	Sicherung der Ergebnisse für den Kurs
2 Min.	Austeilen der Protokollkopien der einzelnen Gruppen		
15–20 Min.	Fortsetzung der Auswertung der Gruppenarbeit	Offenes Unterrichtsgespräch/ Diskussion	
Restliche Zeit	Anfang der Verfilmung von *Fool for Love*	Video-Präsentation	Visualisierung der Ergebnisse → Koppelung von Erlerntem, eigenständiger Arbeit, Bild u. Ton

4. ANLAGEN

(1) Video

ALTMAN, ROBERT. *Fool for Love*/Robert Altman; Sam Shepard; Kim Basinger. – 1985. [VHS] (101 Min.): farb.

(2) Arbeitsblätter

Gruppe 1 u. 2:

EDDIE

(1) Characterisation of Eddie (Give examples from the play.)
(2) Describe his behaviour towards May
(3) What are the implications of **his dream**?
(4) What is a »man« according to Eddie?
(5) Are there parallel structures between the characters in the play?

Gruppe 3:

MAY

(1) Characterisation of May (where and how does she live, etc.)
(2) Give a description of her relationship to Eddie.
(3) How and why does she tell »**the true story**«?
(4) Would you describe her as a passive female, why?

Gruppe 4:

THE OLD MAN

(1) Who is The Old Man and how is he described?
(2) What is his function with respect to Eddie and May?
(3) What is the significance of **frames** (→ women)?
(4) What is his **legacy**?

5. LITERATUR

SHEPARD, SAM. *Fool for Love*. 1983: Dramatists Play Service Inc.
DAY, FRANK (ed.). *Sam Shepard*. New York: Twayne Publishers 1992
GRAHAM, LAURA J. *Sam Shepard: Theme, Image and the Director*. New York: Peter Lang 1995
HART, LINDA. *Sam Shepard's Metaphorical Stages*. New York: 1987
TUCKER, MARTIN. *Sam Shepard*. New York: Continuum 1992
WILCOX, LEONARD (ed.). *Rereading Shepard – Contemporary Critical Essays on the Plays of Sam Shepard*. Houndmills, Basingstoke, Hampshire, and London: St. Martin's Press 1993

Literaturhinweise

BIERMANN, RUDOLF, Aufgabe Unterrichtsplanung, Essen 1985

HEIMANN, PAUL/OTTO, GUNTER/SCHULZ, WOLFGANG, Unterricht - Analyse und Planung, Auswahl, Reihe B, Bd. 1/2, Hannover 1965

KLAFKI, WOLFGANG, Zur Unterrichtsplanung im Sinne kritisch-konstruktiver Didaktik, in: DERS., Neue Studien zur Bildungstheorie und Didaktik, 2., erw. Aufl., Weinheim u. Basel 1991, S. 251 ff.

MEYER, HILBERT, Leitfaden zur Unterrichtsvorbereitung, Königstein/Ts. 1980

MEYER, HILBERT, UnterrichtsMethoden, Bd. I, Theorieband, u. Bd. II, Praxisband, Frankfurt a. M. 1987

PETERSSEN, WILHELM H., Handbuch Unterrichtsplanung, 9., akt. u. überarb. Aufl., München 2000

PETERSSEN, WILHELM H., Kleines Methoden-Lexikon, 2., akt. Aufl., München 2001

SCHULZ, WOLFGANG, Unterrichtsplanung, München 1980

Und bitte nicht vergessen:

»Planen heißt nicht festlegen,
sondern offenhalten von Möglichkeiten für die Zukunft.«

(WALTER GROPIUS, Bauhausarchitekt)